ASSOCIATIONS COMMERCIALES

EN PARTICIPATION.

CAEN. — TYP. GOUSSIAUME DE LAPORTE.

ÉTUDE

SUR LES

ASSOCIATIONS COMMERCIALES

EN PARTICIPATION

LEURS CARACTÈRES DISTINCTIFS

(Mémoire couronné, par la Faculté de droit de Caen, au Concours de doctorat 1862-1863. — 1re Médaille d'or)

PAR

DANIEL DE FOLLEVILLE

Docteur en droit, Avocat à la Cour impériale de Caen.

PARIS	CAEN
A. DURAND, LIBRAIRE,	E. LE GOST-CLÉRISSE, LIBRAIRE,
rue des Grès, 5 et 7.	rue Écuyère, 36.

1865

CARACTÈRES DISTINCTIFS

DES

ASSOCIATIONS COMMERCIALES

EN PARTICIPATION.

<hr>

« Multa cumulatim bona mortalium vitæ confert prudenter et cum ratione instituta rerum communio. Etenim, qui viribus valet, si cum altero, qui similiter viribus valeat, communicet, longe præstantiores atque utiliores ejus vires fuerint. »

(Imp. Leonis Constit. 102.)

« La liberté dans l'emploi des moyens, la promptitude dans l'exécution, est la vie des entreprises industrielles. »

(J.-Bap. SAY, *Economie politique*, t. I, p. 642.)

INTRODUCTION.

Entre toutes les conventions propres à développer l'activité humaine et à décupler ses forces, l'une des plus puissantes assurément est celle qui a pour objet la réunion des industries privées, et le concours des capitaux en vue d'une opération commune : c'est, en un mot, la société.

Dans les entreprises commerciales surtout, elle est à la fois une nécessité matérielle et un puissant élément de crédit. Aussi, le législateur a-t-il accordé, dans nos lois, à ce genre de contrat, la large place que son importance exige. Les articles 1832-1874, Code Napoléon, traitent des sociétés civiles. Les articles 18-65 du Code de commerce sont consacrés aux sociétés commerciales.

Parmi ces dernières, en particulier, la société en nom collectif, la société en commandite et la société anonyme ont leurs règles fixes, soigneusement déterminées par des textes précis. La première est une association de personnes et de choses sans limitation, parce que tout le patrimoine des associés est engagé par les dettes sociales ; la seconde est à la fois une association de personnes sans limites et de capitaux limités, et elle sert ainsi de transition pour arriver à la société anonyme, qui, elle, consiste uniquement dans l'association des capitaux, sans association de personnes.

Mais, à côté de ces trois sociétés modifiées et successivement perfectionnées par le temps et les progrès de la civilisation, il existe une association fort usitée dans la pratique et qui procède uniquement du droit naturel : nous voulons parler de l'*association commerciale en participation*.

Sur ce point, le Code est presque muet, et dans les quatre articles qui ont été seuls édictés (articles 47-50 du Code de commerce), la principale préoccupation du législateur semble avoir été de rester dans le vague et l'indéfini, sans déterminer nettement ni le caractère propre, ni les effets de ce genre d'association.

Il ne faudrait toutefois pas en conclure que cette société, ainsi abandonnée à l'arbitraire des conventions privées, soit dénuée de toute importance ; elle est, au contraire, d'un usage fréquent, et son utilité est considérable : en effet, d'une part, elle supplée aux sociétés ordinaires là où l'urgence de l'opération ou bien sa nature ne permettent pas de les faire intervenir ; d'autre part, lorsqu'il se présente une affaire trop considérable pour les forces isolées d'un seul commerçant, elle permet, par le concours simultané de plusieurs personnes et par la division du fardeau, de mener néanmoins l'entreprise à bonne fin : elle est surtout appliquée aux opérations maritimes.

Il est donc indispensable d'en déterminer soigneusement les caractères distinctifs. La question est de la plus haute importance pratique à quatre points de vue : 1° au point de vue des conditions de forme ; 2° pour déterminer les rapports des participants entre eux, soit qu'ils demeurent *integri statûs*, soit qu'ils tombent en faillite ; 3° pour déterminer leurs rapports avec les tiers, afin de fixer l'étendue des droits des tiers à l'encontre des participants, et réciproquement l'étendue des droits des participants contre eux ; 4° enfin, au point de vue des modes de preuve.

Pour arriver à un résultat satisfaisant, c'est surtout la coutume, base exclusive et origine première de la participation, que nous devons consulter : quelques notions historiques seront donc un préliminaire utile de ce travail ; puis, entrant au fond même de notre sujet, nous ferons connaître le mode d'argumentation du système qui fonde les caractères spéciaux de la participation sur la durée limitée et sur l'unité de l'opération ; nous en indiquerons les principales variantes. — Un troisième chapitre contiendra le développement, au point de vue purement théorique, du système que nous croyons devoir proposer. — Nous indiquerons enfin, dans le quatrième et dernier chapitre, ses applications pratiques les plus importantes, ce qui achèvera, nous l'espérons, de mettre suffisamment en relief les caractères *véritablement distinctifs* de la participation.

CHAPITRE Ier.

Notions historiques sur la participation. — Principales règles de l'école italienne. — Opinions de nos anciens auteurs.—Différentes combinaisons dans lesquelles on peut rencontrer ce genre d'association. — Régime du Code en cette matière.

Aussi ancienne que le monde, usitée aussi bien chez les peuples encore dans l'enfance que chez ceux qui sont arrivés à l'apogée de la civilisation, la participation se rencontre partout avec ce double caractère, de dériver d'abord du droit naturel, et ensuite d'être complétement laissée à l'arbitraire des conventions privées. Les règles qui ont fini par être admises ne sont elles-mêmes que l'expression de l'usage et de la pratique, de sorte qu'un auteur autorisé a pu dire avec vérité que la participation avait sa base unique dans la coutume : *Participem sola introduxit praxis.*

Toutefois, c'est surtout chez les peuples marchands, et en particulier en Italie, que ce genre d'association a toujours été particulièrement en honneur.

Dans ce dernier pays, elle était le plus fréquemment appliquée, en ce qui concerne les règles de l'armement maritime et la co-propriété des navires ; en cette matière, on la trouve mentionnée à chaque pas par les auteurs.

Mais il faut néanmoins se garder soigneusement de considérer les participations italiennes comme étant, en principe du moins, le type unique et l'origine vraie de la participation, telle qu'elle est comprise dans notre droit. Sans doute elles ont des points fréquents d'affinité, et il existe entre elles de sérieuses analogies ; mais elles appartiennent à des familles un peu différentes.

Les termes de *participatio, participazione*, que l'on rencontre si souvent dans la plupart des jurisconsultes italiens, et en particulier dans *Casaregis* (voir *Discursus* 29), s'appliquent le plus souvent à un genre d'association commerciale appelée *accomenda* ou *accomandita*. Ces expressions servent encore à qualifier un contrat voisin de celui-ci, connu sous le nom d'*implicita*, et qui, suivant certains auteurs, correspondrait exactement à notre participation, et en serait le type véritable.

Cette dernière opinion nous paraît toutefois ne devoir pas être admise sans de nombreuses réserves : car, tout d'abord, on ne voit pas de distinction bien nette entre l'*implicita* et l'*accomenda*. Il y a plus : Casaregis nous dit formellement qu'il n'existe entre ces deux contrats aucune différence notable : « *Nulla idcirco inter hos duos contractus apparet notabilis differentia.* » (*Discurs.* 29, § 6.)

La seule différence qui, suivant cet auteur (*Disc.* 29, § 7), pourrait être signalée, en s'attachant à la rigueur du Droit: « *Stando super rigore juris,* » serait uniquement celle-ci, que l'*accomenda* se rapprocherait plutôt de la procuration spéciale à une affaire unique, tandis que l'*implicita* aurait plus d'analogie avec le mandat universel : « *Quod accomenda sit potius contractus institoriæ specialis, et implicita magis assimiletur mandato universali.* »

Il signale de plus une distinction accidentelle, au point de vue de la rémunération à percevoir par le gérant de l'association.

De tout ceci, il résulte évidemment que l'*implicita* n'est qu'une variante et une combinaison de l'*accomandita*. Essayons donc d'indiquer la vraie nature de ce dernier contrat et de préciser en quoi il diffère de la vraie participation, en quel point, au contraire, il s'en rapproche.

On en trouve le fondement et l'origine dans le dépôt : l'étymologie même du mot l'indique : « *Commendare*, faire un dépôt ; » *L. 186, ff. de verb. signific.*

L'accomandita est une espèce de dépôt, soit de deniers, soit de toute autre chose, fait à quelqu'un en vue d'un trafic. (Greg. Fierli, *della Societa accomandita. cap. III, p. 21, in princip.*)

C'est un *contrat réel* qui se forme par la remise d'un capital, en vue d'un usage déterminé, « *per traficarsi.* » Celui qui reçoit le capital, contracte en même temps l'obligation de rendre compte du trafic qu'il en aura fait.

Ceci posé, le contrat d'accomandita *diffère*, tant au point de vue du fond, qu'au point de vue de la forme, de notre participation française.

Au point de vue du fond, cette association est de deux espèces, l'une *propre et régulière*, l'autre *imparfaite et irrégulière*. (Fierli, p. 21.)

Dans l'accomandita *régulière*, les déposants sont co-propriétaires, le dépositaire est un simple gérant salarié qui prend une part déterminée dans les profits ou dans les pertes. (Casaregis, *Disc.* 29, § 7.)

L'accomandita *irrégulière* se rapproche davantage de notre participation, en ce sens que tout y est individuel, sauf, au jour du compte, la répartition des profits ou pertes entre les *compartecepi*, et la restitution des mises, modifiées toutefois par le bon ou le mauvais succès du trafic.

Mais, *quant à la forme*, cette deuxième espèce d'accomandita, aussi bien que la première, diffère essentiellement de notre participation.

En effet, cette double *accomandita* est soumise à des conditions strictement obligatoires de publicité. Faute d'avoir rempli ces formalités, tous les associés sont solidaires, non plus seulement *usque ad ratam partem capitalis*, mais *in infinitum*.

Toutefois, à côté de ces différences radicales, il y a aussi des *points de contact* entre les participations italiennes et le genre d'association connue en France sous ce nom : ce sont ces analogies qu'il importe maintenant d'indiquer.

Tout d'abord, en ce qui concerne les rapports des participants avec les tiers, il est constant que la participation, à l'égard de ces derniers, est comme si elle n'avait jamais existé :

« Maxima est differentia, dit Casaregis (*Disc.* 39, n°s 30–32), inter socium et participem, et sic diversi in jure producunt effectus, quorum præcipui sunt ut participes non teneantur, nisi ad ratam capitalis pro quo participant in negotio; —*neque ipsi agere possunt contra debitores societatis, neque conveniri valent a creditoribus.* »

Ce dernier effet attire, d'une façon toute spéciale, l'attention du cardinal de Luca :

« *Contra participem nulla datur actio,* dit cet auteur, *neque intrat regulam ut obligatio contracta per socium officiat consocio. — Creditori alia non datur actio nisi obliqua ex persona propria ac directi debitoris, cujus dicitur legalis procurator,* ejusque jura exercere potest, et pro ut ipsi debitori competunt; secus autem si non competat. (*De cred. disc.* 88, n°s 4 et 11.) »

Ainsi, pour ne pas multiplier les citations, la doctrine de l'école italienne, nos réserves une fois faites, est celle-ci :

La simple participation ne donne lieu qu'à une répartition des gains et des pertes quand l'affaire est terminée. Elle ne forme pas un corps : pour les tiers, cette association est exactement comme si elle n'existait pas; tout est individuel. Ces principes sont universellement consacrés par les diverses décisions de la rote de Gênes sur cette matière.

Tel est le mécanisme de la participation italienne, qui n'est, au reste, comme la nôtre, qu'une dérivation du contrat primitif de société, ce contrat de droit naturel formé entre les hommes dès l'origine, des choses et dont les annales les plus anciennes gardent le souvenir. Il s'agit maintenant d'étudier ce genre d'association au sein de notre pays, et de rechercher d'abord quels étaient les *principes reçus dans l'ancien Droit.*

Ces principes sont exposés d'une façon lumineuse par trois auteurs différents, *Savary, Jousse* et *Pothier*, qui indiquent en même temps les combinaisons principales de cette association.

Dans l'ancien Droit, la société en participation portait le nom de *société anonyme ;* mais ce n'était pas là l'unique manière de la désigner, et elle avait même presque autant de dénominations qu'elle pouvait revêtir de formes diverses : ainsi, cette association était encore appelée quelquefois comptes en participation, compte à demi, etc., etc.

Au reste, aucune loi n'était venue régir cette matière laissée uniquement à la liberté des conventions : « La participation, dit M. Troplong, avait paru au législateur trop étrangère à l'intérêt du public qu'il voulait protéger dans les véritables sociétés. » Et, en effet, l'ordonnance de 1673 était absolument muette et ne contenait aucunes règles sur ce point. La coutume exerçait un empire absolu.

Savary s'exprime ainsi dans son ouvrage intitulé le *Parfait Négociant* (t. I, p. 368), où il traite de la participation :

« Il reste maintenant, dit-il, d'expliquer la troisième sorte de société que l'on appelle anonyme..... ; elle s'appelle ainsi, *parce qu'elle est sans nom, et qu'elle n'est connue de personne comme n'important en façon quelconque au public ;* tout ce qui se fait en la négociation, tant en l'achat qu'en la vente des marchandises, ne regarde que les associés, chacun en droit soi, de sorte que celui des associés qui achète est celui qui s'oblige et qui paie au vendeur ; celui qui vend reçoit de l'acheteur : ils ne s'obligent point tous deux ensemble envers une tierce personne, il n'y a que celui qui agit qui est le seul obligé : ils le sont seulement réciproquement l'un envers l'autre, en ce qui regarde cette société. .   .   .   .   .   .

.   .   .   .

« Cette société anonyme ou en participation ne regarde point le public, mais seulement les deux associés .   .   .   .

.   .   .   .

« Il faut que l'associé *anonyme, c'est-à-dire inconnu,* suive la bonne foi de celui auquel la marchandise a été mise entre les mains pour en faire la vente, et lui tenir ensuite compte de la part qu'il y a, tant en principal que profits; et *si cela n'était ainsi, il n'y aurait point de sûreté dans le commerce.* »

Jousse (p. 222) adhère entièrement à ces principes :

« La troisième espèce de société, dit-il, est celle que l'on appelle anonyme, c'est-à-dire qui ne se fait sous aucun nom. Ceux qui font ensemble cette société travaillent chacun de leur côté sous leurs noms particuliers, et ils se rendent réciproquement compte les uns aux autres des profits et des pertes qu'ils ont faits, qu'ils partagent et supportent en commun.

« Ces sociétés sont le plus souvent verbales ; et, comme elles n'ont quelquefois pour objet qu'une seule entreprise, elles ne durent que le temps qu'il faut pour faire l'achat, ou la vente, ou le partage, ce qui fait aussi qu'elles sont appelées sociétés momentanées . . . .

. . . .

« Comme il arrive le plus souvent qu'il n'y a qu'un seul des associés qui soit député pour l'achat et la vente des marchandises convenues, ces achats ou ventes ne se font que sous le nom de celui qui est chargé de vendre ou acheter, et les autres associés ne sont engagés qu'au regard les uns des autres, mais non envers ceux qui ont vendu ou acheté ces marchandises, et avec lesquels ils n'ont point contracté, parce que cette société n'est point faite en nom collectif, comme les sociétés ordinaires, où les ventes et achats se font sous les noms exprimés de tous les associés, ou du moins sous leur nom collectif, d'un tel et Cie. »

Pothier (n° 61, *Contrat de Société*) s'exprime dans le même sens : « La société anonyme ou inconnue, que l'on appelle aussi compte en participation, est celle par laquelle deux ou plusieurs personnes conviennent d'être de part dans une certaine négociation qui sera faite par l'une d'entre elles *en son nom seul.* »

Voici maintenant l'indication des principales formes de la participation et des *combinaisons diverses* auxquelles elle est susceptible de se prêter.

1° *Le compte en participation.* — Un navire est arrivé au port de Marseille chargé d'une cargaison importante. Un négociant de cette ville propose à un commerçant de Paris de participer avec lui à l'achat qu'il se propose d'en faire. Celui-ci accepte et fixe à telle ou telle quotité la part pour laquelle il consent à entrer dans les profits et pertes. Le négociant de Marseille achète alors en son propre nom et il établit ensuite un compte à la fin de l'opération. — Dans ce cas, il n'existe aucune relation de droit entre le vendeur de la cargaison et le participant occulte. Si l'acheteur vient à tomber en faillite , son participant ne pourra exercer aucun droit de préférence sur la cargaison achetée : il viendra au marc le franc comme un créancier pur et simple. L'association n'a d'effets que dans les rapports des associés entre eux : en ce qui concerne les tiers, elle est exactement comme si elle n'existait pas.

2° *Achat de marchandises dans les foires et marchés.* — Il arrive souvent que des marchands, se rendant à une foire et voulant éviter de se faire une concurrence nuisible, s'entendent pour mettre en commun tous les achats qu'ils réaliseront chacun de leur côté, et pour en partager entre eux le résultat, d'après des proportions arrêtées à l'avance.

3° *Vente concertée entre marchands.* — Autrefois, les marchands les plus riches s'associaient souvent pour acheter les objets mis en vente par les petits marchands ; puis ils allaient les porter sur les foires, de sorte que, la concurrence étant détruite par la réunion dans les mêmes mains de toutes les marchandises, ils pouvaient exiger le prix qui leur convenait ; et il fallait ou accepter leurs conditions, ou se retirer sans rien acheter ; puis ensuite ils partageaient les bénéfices. Ce genre d'association pourrait, aujourd'hui, être entravé par l'art. 419 du Code pénal.

4° *L'introduction sur un marché de marchandises achetées au loin.* — Des négociants, voyant que le blé est fort cher en France, tandis que, en pays étranger, on l'achète à très-bon compte, conviennent

de l'opération suivante : l'un des associés se trans-
porte dans le pays étranger et y fait l'achat des
denrées en son nom propre ; puis il les expédie à
son co-associé qui les revend également en son
propre nom. Quand l'opération est terminée, ils partagent les bénéfices ou les pertes qui en ont été le
résultat.

5° *Participation à l'adjudication de l'octroi d'une
grande ville.* — Adjudicataire d'un octroi important,
un homme manque des ressources nécessaires pour
mener à bonne fin cette entreprise ; afin de se les
procurer, il admet plusieurs capitalistes à participer
avec lui aux profits et pertes, à la condition d'un
certain versement de fonds convenu à l'avance.
Au reste, l'adjudicataire reste seul obligé envers la
ville et l'association qu'il a formée reste parfaitement occulte.

Une combinaison analogue qui est fort usitée
dans les ports, c'est la *cession d'intérêts au corps et
cargaison d'un navire.* — Ayant un intérêt de ce genre,
un négociant en cède une partie moyennant une
somme convenue, qui lui est immédiatement payée.
L'expédition se fait d'ailleurs en son nom personnel,
et il y a lieu seulement à une répartition des bénéfices ou des pertes à la fin de l'opération.

Ainsi que l'on peut s'en assurer aisément, chacune de ces diverses hypothèses offre ce caractère
déterminé : *Unité de l'opération et courte durée de
la société.*

Mais, en même temps, elles ont toutes un trait commun : c'est qu'il n'y a *aucune révélation extérieure* de l'association, et que celle-ci n'a d'effets qu'entre les parties contractantes, tandis que dans les rapports des participants restés dans l'ombre avec les tiers, elle est exactement comme si elle n'existait pas.

D'un autre côté, les *caractères* et les *effets* de la participation dérivent tous du but que s'est proposé celui qui en a pris l'initiative et qui s'est réservé la faculté de diriger seul l'opération sous sa propre responsabilité, à la charge seulement de rendre compte à ses co-participants. De là, les règles suivantes, universellement admises dans l'ancien droit :

1° Cette association n'avait qu'un seul chef, le promoteur de la participation ;

2° Le gérant était investi de pouvoirs illimités, exactement comme s'il eût agi pour son compte personnel ;

3° Il était seul en cause ; aucun point de contact n'existait entre les participants et les tiers ;

4° Si ce gérant devenait insolvable, ces derniers n'étaient investis d'aucun droit de préférence à l'encontre des autres créanciers, pour les conventions relatives à la participation : tous étaient obligés de venir au marc le franc ;

5° Sur le fonds même de l'association, point de

droit de co-propriété appartenant aux participants : ceux-ci avaient seulement contre le gérant un droit de créance, une simple action personnelle en reddition de comptes.

En présence de ces antécédents, le Code de commerce s'est contenté d'édicter quatre articles sur la matière (art. 47-50, Code com.), sans rien définir du reste, et sans rien préciser, de sorte qu'il est vrai d'avancer « que ces textes n'en disent guère plus que le silence absolu de l ordonnance de 1673. »

L'article 47 proclame que, « indépendamment des trois sociétés ci-dessus, la loi reconnaît les associations commerciales en participation. »

L'article 48 ajoute que « elles sont relatives à une ou plusieurs opérations de commerce, et qu'elles ont lieu pour les objets, dans les formes, avec les proportions d'intérêt et aux conditions convenues entre les participants. »

L'article 49 est relatif aux modes de preuves : la preuve testimoniale elle-même est admise, si le Tribunal le juge convenable.

Enfin, l'article 50 déclare que « les associations en participation ne sont pas sujettes aux formalités prescrites pour les autres sociétés. »

De tout ceci il résulte évidemment que le législateur a voulu laisser la participation, sous l'empire de la pratique et des usages reçus, comme elle y avait toujours été ; qu'il n'a voulu introduire aucune innovation ; qu'enfin, aujourd'hui encore, c'est la coutume qui fait la loi des participations, suivant l'adage déjà cité : « *Participem sola introduxit praxis.* » (Straccha.)

La seule différence, c'est que les rédacteurs du Code n'ont employé qu'une seule dénomination pour désigner les associations dont il s'agit, tandis que, chez nos anciens auteurs, elles portaient les noms les plus divers.

Toutefois, cette absence de définition nette et précise, jointe à l'obscurité des discussions qui eurent lieu lors de la rédaction du projet de loi sur cette matière, a jeté une grande confusion dans la doctrine et dans la jurisprudence sur le point fort important de savoir *quels sont les caractères véritablement distinctifs de la participation.*

Les uns se sont attachés pour les fixer à la durée de l'opération, ou à l'unité de l'affaire ; — les autres se sont enquis de ce que l'opération pouvait avoir de déterminé ou d'indéterminé ; — d'autres enfin ont exigé que son objet fût actuellement existant, ou au moins parfaitement susceptible d'être envisagé et circonscrit. — Tous ont finalement abouti à la plus déplorable confusion, et l'on a vu se produire les plus singulières divergences. Au reste, les détails sur ce point trouveront mieux leur place dans le chapitre qui va suivre, spécialement consacré à l'exposition de ces doctrines.

Nous développerons ensuite dans deux chapitres particuliers la théorie que nous croyons devoir proposer.

Enfin, nous terminerons par un résumé succinct qui puisse servir, en quelque sorte, de tableau synoptique, où l'on embrasse d'un seul coup d'œil l'ensemble des idées qui dominent le sujet : la participation nous apparaîtra ainsi dans sa véritable nature, dégagée de toutes les controverses qui font la principale difficulté de la matière.

CHAPITRE II.

Exposé de la doctrine qui fonde les caractères spéciaux de la participation sur la durée limitée et l'unité de l'opération. — Hésitations et incertitudes de la jurisprudence. — Confusion à laquelle cette opinion aboutit finalement.

Un premier système enseigne que le trait vraiment caractéristique de la participation, c'est qu'il s'agit toujours *d'une seule opération ou de quelques opérations déterminées*, qui doivent être exécutées dans un délai assez limité, *et que l'association doit finir avec elles.*

Ainsi, M. Locré nous apprend que « l'association en participation n'est qu'un marché d'un moment, relatif à quelque opération passagère, et qui, en cela, diffère de la société, dont le lien plus durable forme entre les associés une communauté d'intérêts con-- tinus. » (*Esprit du Code de commerce*, sur l'art. 47.)

MM. Malepeyre et Jourdain (page 260), adhérant à cette doctrine, soutiennent que « ce qui carac- térise ce genre d'association, c'est qu'il faut qu'elle soit relative à une ou plusieurs OPÉRATIONS ISOLÉES, sans continuité d'intérêts ; car, si la société avait pour but de se livrer à des opérations successives, fussent-elles discontinues, il y aurait société ordi- naire. »

Enfin, M. Pardessus (n° 1046) exige de plus *que l'objet de l'opération existe* au moment de la convention, ou, au moins, qu'il s'agisse d'un objet dont l'existence puisse être dès actuellement envisagée et prévue.—Si, au contraire, au lieu d'opérations certaines et nettement limitées, les parties ont projeté de se livrer, soit pendant un temps déterminé, soit jusqu'à ce qu'il plaise à l'une d'elles de se retirer, aux opérations qui se présenteront pendant le temps de leur réunion, on peut en conclure qu'une société ordinaire a été contractée.

Ce système a obtenu l'adhésion de M. E. Persil, sur l'article 47 ; toutefois, il n'admet pas, comme M. Pardessus, qu'il faille nécessairement que l'objet de l'opération existe au moment de la convention.

Ainsi qu'on peut le voir, cette première opinion, avec ses variantes, s'attache uniquement à l'*objet* de la société, eu égard à la courte durée et à la nature de l'affaire, quelles que soient d'ailleurs les clauses et les stipulations insérées dans l'acte qui peut en être dressé.

Dans la pratique, l'application de ce système a engendré les contradictions les plus flagrantes : ainsi, d'une part, il a été jugé par la Cour de Poitiers, le 11 mai 1825, qu'il n'y avait qu'une simple participation dans une société entre ouvriers ayant pour objet une opération déterminée, par exemple, la fabrication et la vente d'une pompe propre à soutirer le vin, dans le cas où un brevet d'invention serait obtenu, bien qu'elle fût régie sous une raison sociale.

D'autre part, en suivant les mêmes règles d'appréciation, on a décidé :

1° Qu'une société contractée sans limitation de temps, pour le commerce des bestiaux, constituait, non une société en participation, mais une société en nom collectif, bien qu'aucune raison sociale n'eût été adoptée. (Colmar, 25 février 1840.)

2° Que l'exploitation du privilége d'un théâtre ne pouvait faire l'objet d'une société en participation. (Paris, 29 janvier 1841, aff. Laurey.)

La jurisprudence ne s'en est point tenue là ; successivement, elle est arrivée à assigner le caractère de participation, même aux conventions embrassant toutes les affaires qui pourraient se présenter, pourvu qu'elles fussent de même espèce et qu'elles pussent être rattachées à une exploitation unique.

Ainsi, on a vu une participation dans des associations formées pour réaliser des opérations évidemment successives, comme l'exploitation d'un établissement de bains (Cass. req. 5 juillet 1825. D. 25, I, 334) ; — ou même l'exploitation de tout un genre de commerce, par exemple, de toutes les affaires de commission. (Cass. req. 18 juillet 1832. Dalloz, 32, I, 359.)

Mais, avec cette extension énorme, il devint à peu

près impossible de distinguer l'association en participation de la société en nom collectif : on ne peut
nier, en effet, que, en particulier dans les deux dernières espèces que nous venons d'indiquer, il eût été
possible de former aussi bien une société en nom
collectif qu'une association en participation.

Aussi, la Cour de cassation finit-elle, dans un
arrêt du 8 janvier 1840 (D. 40, I, 52), par décider
que la distinction ne constitue qu'une pure question
de fait, exclusivement dévolue à l'appréciation des
Tribunaux.

M. Pardessus lui-même adhère à cette doctrine,
dans le dernier alinéa de son nº 1046.

Arrivé à ces limites extrêmes, nous avons à peine
besoin de dire que ce premier système trouve en lui-
même sa propre condamnation : en se perdant dans
un dédale de distinctions plus ou moins subtiles, il
a le grave défaut de se référer uniquement aux circonstances extérieures qui ne sont que l'accessoire
de l'opération, sans se préoccuper des éléments intrinsèques et constitutifs de l'association ; par là, il
aboutit nécessairement à la plus grande confusion :
car s'il est vrai de dire que les circonstances peuvent modifier singulièrement la nature de toute
société, il faut bien avouer aussi que l'appréciation de fait doit toujours être subordonnée à certains
principes fixes et invariables si l'on veut éviter de
s'égarer.

Or, avec la théorie que nous combattons, il n'y a aucun moyen d'établir une distinction sérieuse et de bien caractériser la participation, de manière qu'elle ne puisse pas ensuite être confondue avec les autres sociétés. Et pourtant, il y a là une question pratique du plus haut intérêt, que l'on ne doit point laisser dépendre uniquement de la vague impression du moment et de l'arbitraire absolu des Tribunaux.

Les critiques que l'on peut adresser à la doctrine qui nous occupe sont donc de deux espèces : 1° elle n'est pas conforme aux textes : en effet, aux termes de l'art. 48, l'association peut embrasser une série d'affaires aussi bien qu'une seule affaire. Cet article n'exige nullement ni la durée déterminée, ni l'unité de l'opération : il laisse pleine et entière liberté aux contractants pour fixer les conditions de leur convention ; 2° elle ne présente aucune base invariable et exclusive de distinction ; nous avons, en effet, remarqué déjà que la plupart des opérations auxquelles elle reconnaît le caractère de la participation peuvent également servir de fondement à l'établissement d'une société en nom collectif.

De tout ceci il résulte invinciblement que le vrai critérium n'est point dans le système que nous venons d'exposer : ce n'est ni la nature de l'affaire, ni sa courte durée qui peuvent servir à caractériser la participation. Il est inutile, pour la question, de rechercher ce que l'affaire peut avoir de déterminé ou d'indéterminé, l'objet de l'opération de présent ou de futur.

C'est à un tout autre ordre d'idées qu'il faut se rattacher, en suivant la nouvelle théorie vers laquelle la jurisprudence paraît pencher de plus en plus et qui a, tout d'abord, cet avantage d'être parfaitement en harmonie avec les principes de l'ancien droit, et avec ceux de l'école italienne.

CHAPITRE III.

**Exposition et développement, au point de vue théorique, du système
auquel nous croyons devoir nous rallier.**

Il importe de se demander tout d'abord et avant
d'entrer au sein même de notre sujet, si la participation est ou n'est pas une société. C'est là, au fond,
beaucoup plus peut-être une question de mots qu'une
question de choses: toutefois il est bon de s'y arrêter
un instant.

Pour nous, nous croyons que *la participation n'est
autre chose que la société-contrat,* la société juris
gentium, *pure de fictions* et restée sous l'empire du
seul droit naturel : « *Societas consensu contrahitur.* »

D'abord, quelle que puisse être la dénomination
donnée par les lois à une association, il faut, avant
tout, qu'elle ait sa base dans le contrat de société :
« *Prius est esse quam esse tale.* »

Lorsque le commerce s'est emparé des sociétés en
nom collectif, en commandite et anonymes, il les a
transformées en leur imposant une existence de raison et une personnification utile à ses intérêts ; mais
tout en les modifiant profondément, il n'a pu cependant effacer l'empreinte primitive ; et, au milieu de
leurs transformations successives, elles sont toujours

restées ce qu'elles étaient dans le principe, des dérivés plus ou moins parfaits, dont le contrat de société est le type originaire.

Seulement, ce qu'il importe de bien saisir, c'est le double sens du mot *société :* ce mot désigne d'abord le *genre de contrat* dont les éléments sont indiqués dans l'article 1832. Il désigne ensuite *l'existence d'un être de raison,* formé par l'agrégation de plusieurs individualités jusque-là séparées.

Dans la première acception, qui dit société, dit convention.—Dans la seconde, la société forme une personne distincte des membres qui la composent.

Il est assurément hors de doute que l'association en participation constitue une société-contrat; car on y rencontre les éléments constitutifs de ce genre de convention. Elle consiste bien, en effet, dans la réunion de deux ou plusieurs personnes, et dans la mise en commun d'une certaine opération pour en partager les résultats définitifs, profits ou pertes.

Il est également certain que, pris dans sa seconde acception, le nom de société ne peut convenir à la réunion des participants, parce que cette réunion ne saurait, *par elle-même,* créer une individualité spéciale et distincte de ceux qui la composent.

Cette création ne peut, en effet, résulter que de la loi qui institue, dans certains cas, afin d'atteindre ce but, un concours de formalités indispensables pour avertir les tiers qu'il y a là un fait en dehors du droit commun. Elle a été opérée par les textes en ce qui concerne les sociétés en nom collectif, en commandite et anonymes : par voie d'interprétation de l'article 42 (Cod. comm.), on est arrivé à reconnaître l'existence d'une personne morale dans ces trois espèces d'association ; mais à l'égard de la participation, aucune disposition de ce genre n'a été édictée.

Tandis donc qu'au moyen d'une personnification parfaitement constatée à l'aide de la raison sociale et d'une publicité notoire, les trois sociétés, dont nous venons de parler, voyaient constituer en leur faveur une sorte d'état civil, *la participation*, maintenue sans modifications, a continué à fonctionner sous l'empire des règles fixées par la pratique et édictées par le droit naturel. Elle est même devenue d'une application d'autant plus fréquente, que les formalités rigoureuses en étaient plus soigneusement écartées, et qu'elle se prêtait merveilleusement à toutes les exigences de la pratique.

C'est ainsi qu'elle s'est perpétuée pure de toutes fictions, et réglementée uniquement par la convention des parties : « *Societas consensu contrahitur.* » L'art. 48 n'est même que la confirmation de ce principe : car il déclare que les objets, les formes, les proportions d'intérêt et les conditions de ce contrat, sont laissées à la volonté des parties. Il peut être tout ce que la convention voudra le faire, moins la société collective, anonyme ou en commandite; mais quelles que puissent être les conditions auxquelles il sera soumis, ce sera toujours une société, la société du droit naturel.

Ne dites pas qu'en imposant à la participation le nom *d'association*, la loi a voulu exclure l'idée de *société*. Le sens grammatical lui-même du mot *association* répugne à cette idée ; c'est, en effet, l'expression générique par excellence : le seul et unique but du législateur a été de bien nettement séparer la *société pure et sans fictions* de celle qui les comporte et qui les admet.

Il faut donc tenir pour certain que *la participation est bien une vraie société ;* car on y rencontre tous les éléments constitutifs de ce genre de convention : seulement *c'est la société du droit naturel, la société-contrat qu'il faut soigneusement distinguer de la société-personne*.

Ces préliminaires posés, quels sont les *caractères* véritablement *distinctifs* de la participation ?

Le caractère prédominant de ce genre d'association, c'est qu'elle est *essentiellement occulte;* non pas en ce sens qu'elle ne doive pas se divulguer, et qu'elle cesse d'être une participation au moment où elle n'est plus enveloppée d'un mystère absolu : on voit, en effet, tous les jours, des associations de ce genre fonctionner ouvertement, et, quand il n'y a point eu emploi de manœuvres frauduleuses de nature à tromper les personnes étrangères à la convention, il n'y a rien à dire : mais elle est occulte, en ce sens qu'elle n'est *point révélée officiellement aux tiers*. L'associé qui agit n'use que de son propre crédit ; c'est là le point essentiel.

Il importe peu d'ailleurs que l'association embrasse une seule opération, ou bien des opérations successives ; qu'elle ait pour objet une affaire bien déterminée ou une affaire indéterminée, une affaire présente ou une affaire future : c'est toujours une participation.

Mais le jour où, ne se bornant plus à des rapports purement intérieurs, elle s'affirme devant le public ; le jour où les tiers peuvent, à bon droit, compter non-seulement sur les ressources personnelles de celui avec lequel ils traitent, mais encore sur les ressources de l'association, par suite de manœuvres tendant à égarer leur bonne foi, par exemple, l'emploi d'un nom social, il n'y a plus de participation ; il y a une société en nom collectif : ce qui fait, en effet, que la participation n'est une société que dans les rapports des associés entre eux, tandis que, vis-à-vis du public elle est comme si elle n'existait pas ; c'est que rien, dans les traités qui la concernent, n'en fait connaître et n'en indique la formation. Or, l'emploi d'un nom social est précisément la proclamation et l'affirmation de l'existence d'une société ; il est donc parfaitement incompatible avec l'idée d'une participation pure et simple.

Ce caractère de la participation d'être essentiellement occulte et ignorée du public, et de n'avoir d'effet
qu'entre les parties contractantes, était parfaitement
mis en lumière dans les cinq combinaisons que nous
avons présentées au début de cette étude.

C'est encore ce que Savary exprimait en ces termes :
« Elle est sans nom et elle n'est connue de personne,
comme n'important en façon quelconque au public :
tout ce qui se fait en la négociation ne regarde que les
associés chacun en droit soi : il n'y a que celui qui
agit qui est le seul obligé. » — Jousse et Pothier
donnent leur adhésion à ces idées.

Tout est donc individuel : la participation donne
droit seulement à un compte à la fin de l'opération ;
cela ne regarde pas les créanciers : « *Neque intrat
regulam,* dit le cardinal de Luca, *ut obligatio contracta per socium officiat consocio.* »

De ce principe prédominant que la participation
est *essentiellement occulte,* découlent directement,
par un enchaînement de déductions incontestables,
cinq conséquences qui achèvent de caractériser notre
association :

1° Elle ne constitue pas une personne morale ;

2° Elle n'a pas de patrimoine à elle, distinct de
celui des associés ;

3° Il n'y a pas de co-propriété nécessaire résultant
directement de l'association ;

4° C'est un contrat purement consensuel, sans
solennité de formes ;

5° La preuve peut en être faite par tous les moyens possibles, non-seulement entre les associés, mais encore au profit des tiers.

Le développement de ces cinq propositions terminera l'exposé complet de notre théorie : il ne nous restera plus ensuite qu'à en indiquer les applications pratiques les plus importantes.

PREMIÈRE PROPOSITION.

L'association en participation étant essentiellement occulte, ne saurait constituer une personne morale.

Nous nous trouvons ici en face de deux systèmes opposés et également radicaux : le premier qui considère la participation comme une société, et qui en conclut qu'elle est nécessairement et par là même un être moral ; — le second, qui soutient que la participation n'est pas un être moral, et qui en tire cette conséquence qu'elle n'est pas une société.

Nous croyons ces deux opinions également erronées ; nous avons reconnu plus haut à la participation le caractère de société , et cependant nous nous proposons d'établir qu'elle n'est pas pour cela un être moral.

Le mot *société,* en effet, pris dans son sens ordinaire et naturel, n'est pas autre chose que la dénomination d'un genre de convention, et n'emporte nullement l'idée de l'existence d'un être de raison.

Il s'agit de bien s'entendre sur ce point ; et, sans prétendre entrer ici dans la discussion, étrangère à notre sujet, de la question de savoir si les sociétés civiles donnent ou ne donnent pas naissance à un être moral, nous tenons à formuler nettement ce principe que la création d'une personnalité juridique ne saurait résulter *du fait même* de la réunion de plusieurs individus pour former une association ; aucun texte n'autorise à le penser : il faut autre chose que cette circonstance *seule et isolée* de l'agrégation de plusieurs personnes.

Ce qu'il faut bien déterminer, c'est précisément la base sur laquelle on a fait reposer la fiction de personnalité ; il faut indiquer comment ce dégagement a eu lieu, quelle en est l'origine, enfin par quelle série de déductions on est arrivé à faire de certaines sociétés des êtres de raison entièrement distincts des associés eux-mêmes.

Eh bien ! cette création n'a pu émaner que de la loi qui, pour donner satisfaction aux exigences du commerce, a fait reposer la fiction nouvelle sur la manifestation publique, et sur la notoriété conférée à une personnification reconnue utile et nécessaire. Aussi, chaque fois que le législateur a voulu qu'une association fût investie de ce caractère spécial, il a placé à son origine et à son berceau une foule de formalités rigoureusement obligatoires, ayant toutes pour but de bien déterminer d'abord la valeur exacte du gage sur lequel les tiers peuvent compter, d'augmenter ensuite le crédit de la société en attribuant à ses créanciers un droit de privilége sur son patrimoine propre, et, enfin, d'environner les intéressés de toutes les garanties possibles contre la fraude et l'insolvabilité de ceux avec qui ils pourraient traiter à son occasion.

Dès que cette absorption de tous les associés dans un être de raison a eu lieu par la satisfaction donnée à toutes les exigences légales, la société a pris un nom propre ; elle est devenue parfaitement distincte de ceux qui la composent, sans pour cela qu'elle soit susceptible d'en être séparée au point de vue général : mais, en ce qui concerne les individus, la séparation est consommée d'une manière absolue, de telle sorte que chacun des associés peut, en son nom personnel, faire valablement avec sa société tels contrats que bon lui semble.

Mais ce qu'il faut toujours, c'est cette *manifestation* et cette *notoriété éclatantes*, d'où il résulte que ce n'est plus comme individus, mais comme société formant un tout, un et indivisible, que les associés contractent par la signature raison, et que cette raison sociale, cette signature donnée pour tous, les engage tous en général et chacun en particulier. *Cette constatation et cette publicité sont de l'essence de toute société formant une personne morale.* De là ce principe que, sans constatation légale, sans écriture, sans notoriété, en un mot, sans révélation officielle aux tiers, il ne peut exister de société investie d'une existence propre et individuelle ; or, la non-publicité et l'absence de toute notoriété étant précisément de l'essence de la participation, il s'ensuit invinciblement que ce genre d'association ne saurait constituer un être moral distinct des individus qui la composent.

C'est là, au reste, ce que la Cour de cassation (en repoussant le système contraire, habilement présenté dans une consultation, délibérée par M. Merlin, avec l'adhésion de M. Pardessus), a décidé, par deux arrêts, l'un du 2 juin 1834 (D. P. 34, I, 202), et l'autre du 19 mars 1838 (D. P. 38, I, 102).

M. Merlin, aussi bien qu'un arrêt rendu dans le sens de sa consultation, par la Cour de Paris, le 9 août 1831 (D. P. 31, II, 208), se fondait sur les motifs suivants : 1° la participation est une véritable société ; conséquemment, elle constitue un être moral, distinct des associés. Elle est une véritable société : car les termes de l'article 47 impliquent nécessairement cette idée : « Indépendamment des trois espèces de sociétés ci-dessus. » De même, dans l'article 50 : « La participation est exempte des formalités imposées *aux autres sociétés.* » 2° Cette solution doit nécessairement être admise, car elle présente des avantages d'autant plus sérieux qu'elle a pour conséquence d'attribuer à la participation un patrimoine propre affecté à ses créanciers particuliers, à l'exclusion des

créanciers personnels de chacun des associés et même
des créanciers de celui des associés qui a seul traité
en son nom privé.

Ce système n'a point cependant trouvé crédit, et
il ne devait point en effet prévaloir, car il tombe de
lui-même, faute de base, devant les trois considé-
rations suivantes : 1° dans l'ancien droit, et d'après
la jurisprudence italienne aussi bien que sous le
régime actuel du Code, il est constant que le lien social n'existe qu'entre les participants ; des participants aux tiers, au contraire, il n'y a point de société.
Comment dès lors reconnaître dans cette association
l'existence d'un être moral investi d'une individualité propre ?

2° La création d'un être moral résulte de l'accom-
plissement des formalités de publicité strictement
exigées par la loi, et de la réunion, sous une signature commune, de toutes les signatures individuelles.
Dans la participation, rien de semblable.

3° C'est en vain que l'on présente les tiers comme
impérieusement intéressés à avoir en face d'eux un
être moral, responsable sur son patrimoine propre,
des engagements qu'il contracte ; en effet, lorsque
la participation a été formée loyalement et sans aucun
subterfuge frauduleux, les tiers ne connaissent que
celui avec lequel ils ont traité, ils ne doivent compter
que sur son crédit personnel, et, par conséquent, c'est
à eux de prendre les précautions convenables pour
n'être pas trompés.

Il faut donc dire que la participation est, sans aucun doute, un dérivé du contrat de société : « *Prius est esse quam esse tale.* » C'est la société-contrat, la société pure de fictions et soumise aux principes du pur droit naturel : « *Societas consensu contrahitur;* » mais elle ne saurait constituer un être moral, parce qu'elle ne réunit aucune des conditions essentielles à la création d'une personnalité de ce genre.

DEUXIÈME PROPOSITION.

Si cette association occulte et sans raison sociale ne constitue pas une personne morale, si elle n'a conséquemment ni siége, ni domicile particulier, elle ne peut avcir davantage un patrimoine spécial et propre dont la source soit dans la réunion des mises, et qui, complétement distinct du patrimoine des participants, soit susceptible de diminuer ou de s'accroit·e suivant les résultats heureux ou malheureux de l'opération, de telle sorte qu'il puisse devenir le gage exclusif et privilégié des créanciers sociaux.

Cette deuxième proposition est la conséquence nécessaire de la précédente, et elle découle directement de la nature même de la participation.

Tout, en effet, dans ce genre de société, est individuel ; celui qui agit ne se présente pas comme le mandataire d'une société personnifiée sous une raison sociale. Sa responsabilité et son crédit personnel sont seuls engagés. L'unique *effet* de la participation, c'est de donner lieu à un compte lorsque l'opération est terminée ; son *but* unique, c'est la répartition des profits et des pertes. Celui qui gère est propriétaire exclusif ; seulement, il admet une ou plusieurs personnes à participer au résultat final de l'opération, qu'il dirige, au reste, en maître absolu. Aussi, à l'égard des tiers, la société est-elle comme si elle n'avait jamais été formée : occulte dans son mode d'exercice, elle n'a d'existence qu'entre les associés.

Dans les autres sociétés commerciales, au contraire, investies d'une existence de raison et d'une personnalité propre, lorsqu'une affaire se fait au nom de la société, pour les tiers qui contractent, ce n'est pas Primus ou Secundus qui traite avec eux, c'est la société, c'est l'agrégation tout entière personnifiée par la raison sociale, c'est l'être moral représenté par le gérant, son mandataire. Cet être de raison, auquel la publicité, ainsi que nous l'avons dit plus haut, a conféré une sorte d'état civil en indiquant à la fois son siége et l'étendue de ses ressources, assume sur lui et par là même impose à tous les associés qu'il personnifie la responsabilité de ses opérations. Il en répond sur les fonds mis en commun ; et, chaque fois que le gérant traite, en apposant la signature sociale, il engage les ressources de la société, et en engageant les biens, il engage, par voie de conséquence, tous les co-intéressés au capital social.

Il devait en être autrement dans les associations en participation où les tiers ne peuvent et ne doivent compter que sur le crédit exclusivement personnel de celui qui traite avec eux ; il n'était nullement nécessaire d'affecter un capital particulier pour servir de gage à leurs créances.

Dans l'association qui nous occupe, il n'y a donc pas de patrimoine propre et distinct de celui des associés, pas plus qu'il n'y a d'être moral qui puisse en être le titulaire.

Ce que nous venons de dire préjuge nécessairement la vérité de la troisième proposition que nous avons maintenant à développer.

TROISIÈME PROPOSITION.

Il n'y a pas de co-propriété nécessaire résultant de l'association d'une manière directe et par voie de conséquence.

C'est là un des caractères les plus saillants de notre matière : tandis que dans les autres sociétés commerciales, la co-propriété des mises est une condition essentielle et de droit, elle n'est, dans la participation, qu'un accident et une exception.

Il en est, jusqu'à un certain point, de cette condition comme de la non-publicité de l'association. La participation peut être divulguée et connue dans une certaine mesure, sans pour cela perdre son caractère propre ;—il peut aussi, par suite de circonstances de droit ou de fait, arriver qu'il y ait co-propriété des mises.

Toutefois, *en principe* général, *cette co-propriété n'existe pas*. Quel est, en effet, le but des co-participants, si ce n'est uniquement le partage des bénéfices ? — Le seul objet de l'association, nous l'avons déjà dit, c'est l'attribution à chacun des profits ou pertes résultant de l'entreprise mise en société. Or il est certain que l'on ne pourra apprécier le montant de ces profits ou pertes, qu'au moment de la liquidation ; et, s'il en est ainsi, il faut bien admettre que, dans la réalité des choses, l'indivision ne pourra naître que le jour où sera consommée la rupture de l'association. Jusque-là, les biens ne sont pas confondus plus que les personnes ; chacune des parties garde son individualité propre, et ne met rien en commun.

Toutefois, nous avons dit que la *co-propriété* peut néanmoins résulter de la volonté des parties, insérée dans l'acte constitutif de la société, ou bien naître de leur fait.

Il est, d'abord, bien certain que la co-propriété peut résulter de la *volonté des contractants :* ainsi, il arrive souvent que le propriétaire d'un navire ou d'une cargaison en abandonne une partie à un tiers, en même temps qu'il l'admet à participer aux bénéfices et aux pertes. Mais cette cession ne constitue pas même, dans la réalité des choses, l'existence d'une véritable co-propriété sociale : il y a bien plutôt une *res communis* dont chaque participant reste individuellement propriétaire. Ici, comme toujours, le but final de l'association c'est la répartition des profits ou pertes.

La co-propriété résultera *du fait* des parties, lorsque par suite de l'exécution de la convention, l'un des associés se trouvera saisi d'une chose acquise pour le compte commun, tant que cette chose n'aura pas été convertie en argent, et que le partage entre les inté-ressés n'aura pas eu lieu.

L'association en participation n'a donc ni nom, ni raison, ni siége, ni signature sociale ; elle n'a pas de patrimoine spécial et particulier sur lequel les associés aient un droit de co-propriété : tout y est individuel, les mises aussi bien que l'industrie; les tiers, qui traitent avec l'un des participants, traitent avec lui personnellement et privativement : les autres associés sont pour eux comme s'ils n'existaient pas.

QUATRIÈME PROPOSITION.

Il s'ensuit que cette association est un contrat purement consensuel.

Elle n'a besoin en aucune façon d'être assujettie aux formalités ordinaires, exigées pour les autres sociétés. L'article 50 du Code de commerce l'en dis-pense, au reste, expressément : « les associations commerciales en participation, dit cet article, ne sont pas sujettes aux formalités prescrites pour les autres sociétés. »

CINQUIÈME PROPOSITION.

La preuve de l'existence des associations en participation peut se
faire par tous les moyens possibles et même par la preuve testimoniale. (Art. 49, Code comm.)

Cette proposition est suffisamment justifiée par
tout ce que nous avons dit jusqu'ici. L'article 49
lèverait d'ailleurs tous les doutes, s'il pouvait en
exister encore : il résulte de ce texte que tous les
modes de preuve sont admis, non seulement entre
les associés, mais encore au profit des tiers, pour
qu'ils puissent exercer l'action de l'article 1166, s'ils
le jugent convenable. Ce droit d'action formera, au
reste, l'objet d'un paragraphe important dans notre
chapitre IV : « *Des Effets de la Participation.* »

Toutefois, avant d'entrer dans l'examen de ces
effets, nous devons présenter une dernière observa-
tion : c'est que l'association en participation peut
toujours, en thèse générale, sans perdre son caractère,
emprunter aux autres sociétés les stipulations qui sont
de leur essence, *pourvu que l'effet en soit concentré
entre les associés.* C'est là toujours le point capital ;
il faut que la société reste perpétuellement occulte,
en ce sens que l'on ne peut employer aucune ma-
nœuvre de nature à faire miroiter aux yeux des tiers
l'appât d'un crédit collectif ; tout doit se borner à des
relations intérieures.

. Ainsi, nous avons dit que dans la participation

il n'y a pas de siége social. C'est là un principe incontestable, puisqu'à l'égard des tiers il n'y a même pas de société. Rien cependant ne s'oppose à ce que, pour faciliter les relations mutuelles des participants, ou pour arriver à l'établissement des comptes qui doivent servir de base à la répartition des bénéfices ou des pertes, il soit fait élection d'un domicile particulier : mais il faut que ce siége soit consacré à des rapports purement internes et ne serve, en aucune façon, de centre de relations avec les tiers.

Au reste, tous les principes que nous avons présentés dans l'exposé qui précède, sont entièrement confirmés par un important arrêt de la Cour de Rennes, en date du 28 janvier 1856. (D. P. 56, II, 183.)

Cet arrêt consacre en effet les solutions suivantes :

1° Le caractère distinctif de l'association en participation n'est pas nécessairement de ne s'appliquer qu'à des opérations commerc ales déterminées à la fois dans leur nature et dans leur nombre; on peut voir aussi une société de ce genre dans celle qui a pour objet une série indéfinie d'actes commerciaux, limitée seulement par la durée même de la société, si la constitution de cette société et le mode d'action de sa personnalité civile la distinguent des autres espèces de sociétés commerciales. (Cod. com., 19 et suiv., 47 et suiv.)

2° Et spécialement doit être considérée comme

une association en participation, et non comme une société en nom collectif, la société formée, pour une durée déterminée, entre diverses maisons de commerce (de roulage, par exemple), pour l'exploitation de leur industrie commune et dans le but d'éviter la concurrence, alors que cette exploitation ne doit pas avoir lieu sous une raison sociale, qu'il a été stipulé dans l'acte de société que les opérations seront traitées par chacune des maisons associées, en son nom personnel et sous sa raison particulière, et que la société doit simplement aboutir à un partage proportionnel des bénéfices procurés par l'action individuelle et indépendante des diverses maisons dont elle se compose.

3° Peu importe qu'une telle société ait un fonds social, composé de la valeur estimative de chacune des maisons associées, s'il n'a été constitué qu'au point de vue de la répartition des bénéfices et des pertes.

4° Peu importe qu'elle ait un siége particulier et un conseil d'administration, si c'est principalement pour l'établissement et le contrôle de la comptabilité;

5° Peu importe que des faits d'exécution de cette société aient pu devenir pour les tiers le principe d'une action contre ceux même des associés qui ne se sont pas personnellement engagés envers eux, une telle action n'étant point incompatible avec l'existence d'une association en participation.

6° Il s'ensuit qu'une société de ce genre n'est point nulle, bien qu'elle n'ait point été publiée, puisque (art. 50, C. com.) les associations en participation ne sont pas sujettes aux formalités prescrites pour les autres sociétés.

La lecture des considérants remarquables qui ont servi de base à la série de décisions que nous venons d'indiquer sera la meilleure conclusion de cette première partie de notre travail sur les caractères vraiment distinctifs de la participation.

Maintenant, nous allons sortir du domaine de la théorie pure, pour rechercher quelle est la portée pratique de l'association qui nous occupe : cette étude achèvera de bien préciser sa nature particulière.

CHAPITRE IV.

Effets de la Participation.

Pour bien connaître les effets de la participation,
il importe de les étudier à deux points de vue :
    1° Dans les relations des associés entre eux ;
    2° Dans leurs rapports avec les tiers.

SECTION I.

EFFETS DE LA PARTICIPATION ENTRE LES ASSOCIÉS.

Ces effets sont différents, suivant que tous les co-
participants sont demeurés *integri statûs*, ou que la
faillite est venue frapper l'un des membres de l'association.

§ 1er.

EFFETS DE LA PARTICIPATION ENTRE LES ASSOCIÉS LORSQU'ILS SONT INTEGRI STATUS.

L'exécution de la convention ne peut alors donner
lieu à aucune difficulté sérieuse : la condition des
contractants n'ayant, en effet, été altérée ni modifiée
en aucune façon, ils doivent accomplir les obligations
par eux consenties ; car il est de principe constant

que « *la convention fait la loi des parties.* » Chacun des participants doit donc effectuer le versement de l'apport qu'il a promis : c'est la première de ses obligations.

Mais il importe de bien s'entendre sur les conséquences du retard *préjudiciable* qui aurait pu être apporté par l'associé dans ce versement. La controverse étant ici fort vive, il importe, avant d'exposer notre opinion, de mettre bien en relief les principes du droit commun.

En règle générale (art. 1153), dans les obligations qui ont pour objet le paiement d'une certaine somme, les dommages et intérêts résultant du retard dans l'exécution, ne consistent jamais que dans la condamnation aux intérêts fixés par la loi ; d'autre part, ces intérêts *ne courent que du jour de la demande en justice.* Toutefois, l'article 1846 du Code Napoléon, en ce qui touche les sociétés civiles, apporte une exception notable à ces principes, en même temps qu'il consacre une innovation à l'ancienne jurisprudence, telle qu'elle est rapportée par Pothier, au n° 116 de son traité sur la matière : il déclare que l'associé qui n'a point versé dans la société la somme qu'il devait y apporter, en doit les intérêts *de plein droit et sans demande,* à compter du jour où elle devait être payée ; le tout sans préjudice de plus amples dommages-intérêts.

Cet article 1846 est-il applicable à la participation ? En conséquence, le participant morosif de-vient-il, *de plein droit*, débiteur des intérêts de sa mise à compter du jour où elle devait être payée ? Pourra-t-il, en outre, être, suivant les circonstances, condamné à de plus amples dommages-intérêts en-vers son co-associé ?

Nous croyons devoir nous prononcer pour l'affir-mative. Toutefois, en présence de la controverse qui existe, quant aux intérêts, il importe de rechercher tout d'abord quelle est la base juridique de l'ar-ticle 1846, quels en sont les motifs, et alors nous verrons si ce qu'il dit des sociétés civiles doit ou ne doit pas être étendu à la participation.

La base de l'article qui nous occupe n'est pas ailleurs que dans ce principe d'équité, consacré par l'article 1383 du Code Napoléon, d'où il résulte « que « tout homme est responsable du dommage qu'il a « causé, non-seulement par son fait, mais encore *par* « *sa négligence* ou par son imprudence. » Que si, dans le cas de négligence, une responsabilité quelconque est encourue, il est évident qu'elle doit être en pro-portion du dommage causé. Or il y a une immense différence entre le cas où il y a eu promesse pure et simple d'une somme d'argent et le cas où il y a eu promesse d'un apport.

Celui qui s'engage à donner une somme d'argent ne s'oblige, en effet, qu'à remettre à son créancier ce qu'il lui doit; le seul but de la convention, c'est

de procurer à ce créancier le lucre qui naît ordinairement de la jouissance d'un capital. C'est d'ailleurs,
le plus souvent, la nécessité qui est la vraie source
des engagements de ce genre.

Il en est tout autrement de la nature et du but de
la société ; celui qui promet une mise était libre de
ne pas s'engager : en s'obligeant à fournir un apport,
il a parfaitement su que cet apport était destiné à
procurer des avantages supérieurs à ceux qui résultent du simple intérêt légal de l'argent. Son concours
avait pour objet la réalisation de bénéfices ; il n'a
donc pas besoin d'être mis en demeure pour savoir
qu'il cause à l'association un préjudice grave en retardant l'emploi des capitaux : la mise en demeure
résulte de la convention elle-même. Il s'ensuit que
dans le cas où les opérations viennent à être entravées
par sa faute, il doit une indemnité complète.

Si telle est la base, si tels sont les motifs de la disposition édictée par l'article 1846, en faveur des
sociétés civiles, en quoi la participation répugne-t-elle
à l'admission de cette règle ? — Est-ce que, dans
cette matière toute d'équité, les principes qui ont
leur base dans le droit naturel ne doivent pas recevoir leur application ? — D'un autre côté, est-ce qu'il
n'existe pas une analogie complète dans les motifs ?
Dans la participation comme dans les sociétés ordinaires, c'est toujours la réalisation d'un gain qui
est le but et la perspective des parties ; et, dès lors

le préjudice n'est-il pas le même pour le participant qui, par la faute de son associé, se voit privé des bénéfices qu'il avait espérés, ou bien se trouve dans l'impossibilité de remplir ses obligations envers des tiers qui obtiennent contre lui des dommages et intérêts?

On objecte que la participation ne forme point un être moral, qu'elle n'engendre ni la création d'un patrimoine social, ni la co-propriété des mises; or, dit-on, s'il n'y a pas d'être moral qui soit vis-à-vis de l'associé morosif la personnification d'un créancier, on ne saurait comprendre en vertu de quel principe les intérêts pourraient être réclamés ou à qui ils pourraient être dus.

Cette objection nous paraît sans force; car, tout d'abord, il est bon de remarquer que l'on est loin de s'entendre sur le point de savoir si les sociétés civiles constituent ou si elles ne constituent pas une personne morale, et que des auteurs éminents se sont prononcés pour la négative; au reste, nous ne faisons qu'indiquer la controverse, sans vouloir entrer dans une discussion qui ne se rattache pas directement à notre sujet.

Il est, en effet, facile de répondre à la double question qui nous est posée : en vertu de quels principes les intérêts pourraient-ils être dus ? A qui devraient-ils être accordés ?

En vertu de quels principes ? — Nous l'avons déjà suffisamment indiqué : les intérêts sont dus en vertu de ce principe d'équité qui impose à celui qui a causé un dommage, soit *in omittendo*, soit *in commitendo*, une responsabilité égale au préjudice causé ; et comme la mesure de cette responsabilité est déterminée par la mesure même du préjudice, il y aura lieu à de plus amples dommages-intérêts, dans le cas où les intérêts légaux seuls ne seraient pas une compensation suffisante de la perte éprouvée. C'est là une règle de souveraine justice qui est applicable à la participation, société du droit naturel par excellence, comme elle peut l'être, de par la loi civile, aux sociétés que cette loi a organisées.

Mais à quelles personnes les intérêts, aussi bien que des dédommagements plus complets, pourront-ils être dus ? — Tout naturellement au participant qui a souffert de l'*omission* de son co-associé, et qui a éprouvé un préjudice par suite du retard apporté dans le versement de la mise.

Ce qu'il ne faut pas perdre de vue, c'est que, *dans les rapports des participants entre eux*, il existe véritablement un lien social, circonscrit par les limites mêmes de la convention ; il existe une société régie par l'équité et par le droit naturel. Dès lors, cette société est soumise aux principes, *dérivant* en droite ligne *de l'équité*, qui ont été formulés par les lois. Or, tel nous paraît être le caractère de la règle contenue dans l'art. 1846.

Tenons donc pour certain que le participant, qui

n'apporte pas la somme promise, devient, de plein droit et sans demande, débiteur des intérêts.à compter du jour où la somme devait être payée. Il peut être, en outre, et suivant les circonstances, condamné à des dommages-intérêts plus considérables envers son co-associé pour sa négligence à exécuter les obligations résultant de l'accord spontané des volontés.

Maintenant, nous supposons que *la convention a été fidèlement exécutée* et que les apports promis ont été versés en temps utile.

Chacun des participants, quand l'opération est arrivée au point où l'on peut répartir les bénéfices ou les pertes, a le droit de concourir, dans les proportions fixées par le contrat, au partage des résultats.

Si ces proportions n'ont pas été déterminées et prévues à l'avance, l'art. 1853 devra recevoir son application, et la part de chacun dans les bénéfices sera en proportion de ce qu'il aura versé pour contribuer à l'entreprise. Les dispositions de l'art. 1853 ont, en effet, leur base unique dans l'équité, et rien dans la nature de la participation ne répugne à l'admission de cette règle.

Mais que faudra-t-il décider si l'opération se termine *par un déficit* au lieu d'aboutir à la réalisation d'un bénéfice? Quelle doit être l'étendue de la contribution de chacun des associés aux pertes éprouvées? Le participant oisif, qui a seulement fourni les fonds, ne doit-il indemniser l'associé qui a géré que jusqu'à concurrence de son apport, de telle sorte qu'il soit ainsi entièrement quitte, alors même que ce concours serait insuffisant ? — Ou bien est-il tenu *indéfiniment*, dans la proportion de son intérêt, de manière que si sa participation était, par exemple, de moitié et que la moitié des dettes fût de 20,000 fr., il pût être tenu de payer cette somme entière, même sur ses autres biens, quoiqu'il n'eût aventuré dans l'affaire que 10,000 fr. ?

Les principes admis par la jurisprudence française, tant dans l'ancien que dans le nouveau droit, sont, sur ce point, en désaccord avec la doctrine professée par les auteurs italiens.

D'après ces derniers, l'associé resté dans l'ombre, qui n'a fait que fournir sa mise, n'est tenu que jusqu'à concurrence de ce qu'il a aventuré dans la société : « *Particeps non tenetur nisi de pecuniis quas* « *ipse posuit in societate, non autem personaliter in* « *solidum cum nihil gesserit.* » (Décis. 46, n° 3. Rote de Gênes.) Enfin, Casaregis appuie cette doctrine de toute l'autorité de son assentiment : « *Participes non* « *tenentur, nisi ad ratam capitalis pro quo partici-* « *pant in negotio.* » Cette solution n'a, du reste, rien qui doive nous étonner, eu égard aux liens étroits d'affinité qui unissaient la participation à la commandite, sous l'empire des idées de l'école italienne.

Nos anciens auteurs professaient une opinion

toute différente : Pothier (*Traité du Contrat de Société*, n°s 63, 101 et 102) enseigne que, « dans la société anonyme, l'associé inconnu est tenu *indéfiniment, pour la part qu'il a dans la société,* d'acquitter son co-associé des dettes qu'il a contractées pour la société. » C'est là même, à ses yeux, ce qui différencie nettement la société anonyme (*ou participation*) de la commandite.

Cette dernière doctrine est assurément la seule admissible : dans la commandite, en effet, ce qui est promis, c'est une somme d'argent ;—le but de la participation, au contraire, c'est d'arriver à une *proportion d'intérêt* : il importe dès lors fort peu de rechercher quel chiffre la perte a pu atteindre : ce que le participant perd ou gagne, c'est toujours la proportion de son intérêt. Pour que le participant ne fût tenu que jusqu'à concurrence de sa mise, il faudrait une stipulation positive qui, du reste, devrait être admise ; car (art. 48, Cod. comm.) on peut soumettre la participation à toute espèce de conditions, pourvu qu'elles n'aient rien de contraire à l'ordre public.

Tels sont les effets de cette association sur les rapports des associés entre eux, lorsqu'ils sont demeurés *integri statûs*. Étudions maintenant ces mêmes effets dans le cas où l'un des participants est tombé en faillite.

§ 2.

La faillite de l'un des participants a nécessairement pour effet de rompre l'association et d'amener la liquidation immédiate.

Trois hypothèses peuvent alors se présenter :

Ou bien l'association n'a pas encore commencé à fonctionner ; — ou bien les opérations sont en cours d'exécution ; — ou bien enfin l'objet de l'association est entièrement achevé.

PREMIÈRE HYPOTHÈSE.

L'association n'a pas encore commencé à fonctionner.

Cette première hypothèse ne présente point de difficultés sérieuses : la résolution du contrat est alors pure et simple ; les parties rentrent dans le même état que s'il n'y avait jamais eu d'association : seulement, si les mises ont été effectuées et que ce soit le participant failli qui les ait reçues, les autres participants sont créanciers des sommes ou valeurs qu'ils ont fournies, et doivent être admis au passif de la faillite pour ces sommes, en qualité de simples créanciers, au marc le franc et par contribution. Ils sont exactement dans la même position que s'ils avaient

prêté de l'argent au failli, et qu'ils vinssent se présenter à la masse en vertu de ce prêt.

Si le failli est un de ceux qui ont fourni la mise,
ses créanciers auront seulement le droit de réclamer
la restitution de l'apport qu'il aurait effectué.

DEUXIÈME HYPOTHÈSE.

Les opérations sont en cours d'exécution.

Il y a lieu alors de distinguer entre le cas où la
faillite atteint un associé gérant, et celui où elle
atteint un associé non gérant.

Si le failli est le gérant, les opérations sont arrêtées à l'instant, et l'on doit liquider, en prenant
pour base les résultats acquis à l'instant de la dé-
claration de faillite.

Mais une question sur laquelle on est loin de
s'entendre est celle de savoir quels sont les droits
des autres participants à l'encontre de cette faillite.
Sont-ils simplement créanciers ordinaires? Ou bien
ont-ils un privilége?

C'est là cependant ce qu'il faut soigneusement déterminer; car l'on conçoit parfaitement l'importance
des conséquences pratiques qui peuvent résulter de
l'admission de l'une ou de l'autre des théories.

Pour nous, nous croyons fermement que les *co-
participants ne peuvent venir dans la faillite qu'en
qualité de créanciers ordinaires, par contribution, et*

au marc le franc, et qu'ils ne peuvent exercer aucun privilége. La solution de la question dépend, au reste, uniquement des caractères que l'on assigne à la participation : l'on conçoit l'admission d'un privilége dans la doctrine des auteurs aux yeux desquels ce genre d'association constitue un être moral avec ses biens propres et avec ses droits et obligations distincts de ceux des associés ; alors, il y a nécessairement des créanciers sociaux qui exercent à bon droit un privilége sur les biens de la société, leur débitrice directe.

Mais, si l'on s'accorde avec nous à repousser ces caractères incompatibles avec la nature spéciale de la participation, si cette association est, en un mot, à l'égard des tiers, comme si elle n'existait pas, comment admettre l'existence de créanciers sociaux, et sur quelle base pourrait-on asseoir leur privilége ?

Entre participants, nous l'avons démontré, la convention n'a pas pour but l'acquisition d'une propriété, mais bien seulement la répartition des profits et des pertes qui doivent naître d'une certaine opération. Cette association étant, d'ailleurs, toute intérieure et « *n'important en façon quelconque au public,* » il en résulte invinciblement que la demande de l'associé créancier doit être jugée d'après les principes du droit commun, absolument comme si jamais il n'avait existé de participation. L'associé qui a traité en son propre et privé nom, devient le débiteur direct de ceux avec qui il a contracté, de telle sorte qu'il est réputé propriétaire des objets dont il est saisi et que ceux qui se trouvent être ses créanciers à raison des affaires sociales, sont exactement sur le même pied que ses créanciers personnels, c'est-à-dire qu'ils n'ont et ne peuvent avoir aucun droit de préférence. Admettre une autre solution, ce serait renverser toute l'économie de la participation. Au reste, notre doctrine a été expressément consacrée par un arrêt de la Cour de cassation, du 2 juin 1834. (D. 34, I, 202.)

Toutefois, il faut bien reconnaître que, dans certains cas, par suite de circonstances de fait ou de stipulations spéciales, il pourra arriver que les co-participants aient dans les biens de la faillite un droit de co-propriété, susceptible de leur ouvrir l'action en revendication ; mais il faudra toujours la réunion des trois conditions suivantes : 1° qu'il s'agisse d'objets acquis pour le compte de l'association ; 2° que l'on puisse reconnaître l'existence de la co-propriété, en rapprochant la chose acquise des termes du contrat ; 3° que cette chose ne soit pas dans la possession du failli. Dans ce cas exceptionnel seulement, les participants pourront exercer la revendication, en vertu du droit commun et en qualité de personnes privées.

Si la faillite atteint un associé non gérant, bien que la dissolution de l'association en soit toujours la conséquence, cette faillite ne peut pas empêcher la mise à fin des opérations commencées.

Au surplus, la liquidation se fait ainsi que nous venons de l'indiquer ; toutefois, si le failli se trouve débiteur envers ses co-participants, en vertu de l'association, il ne paiera qu'en dividendes, et les pertes résultant de son insolvabilité se répartiront entre les autres associés dans la proportion de leurs droits.

Réciproquement, les associés non faillis pourront, s'ils croient avoir intérêt à réclamer leur part dans les bénéfices, exercer le droit de rétention, à l'effet de contraindre les ayant-droit du failli à l'exécution des obligations contractées par ce dernier.

TROISIÈME HYPOTHÈSE.

L'objet de l'association est entièrement terminé.

Les droits de tous les intéressés se règlent alors comme s'il n'y avait pas faillite : toutes les opérations étant, en effet, achevées au moment où elle éclate, ne sauraient en ressentir aucune atteinte.

Toutefois, il importe de rechercher ce qu'il convient de décider dans le cas où c'est le failli qui est le gérant de l'association, et, en même temps, le détenteur des valeurs dont la répartition doit se faire ; existe-t-il au profit des autres copartageants un *droit privilégié* sur ces valeurs ?

Cette question nous paraît devoir se résoudre par une distinction : il faut examiner si les valeurs dont la liquidation doit se faire consistent dans le *prix, déjà réalisé*, des choses sur lesquelles portait la participation, ou si, au contraire, elles consistent dans ces *choses* elles-mêmes *restées en nature*, et dont le prix n'a pas encore été réalisé.

Dans le premier cas, les associés sont purement et simplement créanciers d'une somme d'argent; comme tous les autres, ils ont fait crédit à la personne; ils ne peuvent donc réclamer que la somme due, qui leur sera payée en monnaie de faillite. Ils ne peuvent se fonder sur le fait même de la participation pour exercer un privilége: car les conventions privées sont toujours impuissantes à créer des droits de préférence; d'un autre côté, la loi qui, seule, peut investir certains individus de droits de ce genre, n'a rien édicté en faveur du cas qui nous occupe.

Si, au contraire, les valeurs dont la liquidation doit se faire consistent dans les choses mêmes, en nature, dont le prix n'a point encore été réalisé, il y a lieu de poser une sous-distinction: il faut rechercher si ces valeurs sont *entrées dans le patrimoine du participant failli*, ou si elles se trouvent encore *en mains tierces*.

Dans le premier cas, ces valeurs sont désormais confondues avec le reste de l'actif du failli; les participants ne sont que créanciers de la valeur de leur part; ils ne jouissent d'aucun droit de préférence;—

que si, au contraire, les valeurs sont restées en
mains tierces, de telle sorte qu'il n'y ait pas eu confusion de toutes ces choses avec le surplus du patrimoine du failli, il existe pour les associés un droit
de revendication par application de l'article 576 du
Code de commerce.

Tels sont les effets de la participation sur les rapports des associés entre eux, à la fois dans le cas
où ils sont demeurés *integri statûs*, et dans celui où
la faillite est venue frapper l'un de ses membres ;
il nous reste maintenant à étudier ces mêmes effets
dans les relations des associés avec les tiers.

SECTION II.

EFFETS DE LA PARTICIPATION A L'ÉGARD DES TIERS.

Il convient d'envisager successivement ces effets
à deux points de vue bien distincts :

1° Quels sont les droits des tiers à l'encontre des
participants ?

Et réciproquement,

2° Quels sont les droits des participants à l'encontre des tiers ?

§ 1er.

DROITS DES TIERS A L'ENCONTRE DES PARTICIPANTS ; — OBLIGATIONS IMPOSÉES A CES DERNIERS.

Nous aurons ici à nous demander : 1° si les participants qui n'ont point agi sont solidairement res-

ponsables des engagements pris par celui qui a géré ; 2° si les tiers ont un droit d'action directe contre ceux des participants qui ne se sont pas personnellement engagés envers eux ; et, dans le cas où l'on déciderait qu'ils n'ont pas l'action directe, s'ils ont au moins l'action oblique de l'article 1166 ?

Nous n'aurons point à revenir sur le point de savoir s'il existe ou s'il n'existe pas un droit de préférence au profit des participants sur les choses formant la matière de l'association : nous avons, en effet, traité cette question dans la section précédente.

PREMIÈRE QUESTION.

Les participants, qui n'ont pas personnellement traité avec les tiers, sont-ils néanmoins tenus solidairement vis-à-vis d'eux des engagements pris par l'associé gérant ?

Tout d'abord, nous devons rappeler que, dans l'ancien droit, il n'y avait point de solidarité ; c'est là un précédent important à noter, d'autant plus que la participation, nous l'avons déjà fait remarquer ailleurs, paraît être restée encore aujourd'hui ce que la pratique de tous les temps et de tous les lieux l'avait faite.

Lorsque, devant le Conseil d'État, on fut arrivé à l'examen de cette question, plusieurs membres, et en particulier M. Merlin, opinaient pour l'affirmative ; mais finalement cette solution fut énergiquement repoussée par Regnauld de Saint-Jean-d'Angely, qui la déclara *subversive des principes.*

Et, en effet, si l'on se reporte aux règles prédominantes de cette matière, l'on verra que l'absence de toute solidarité, tant active que passive, découle de la nature même de notre association. Un point constant, c'est que la solidarité ne peut naître que de la loi ou d'un fait conventionnel : or de textes, il n'y en a point pour le cas qui nous occupe ; d'un autre côté, dans la participation, point de nom commun ni de raison sociale sous laquelle tous les associés soient réputés contracter, par laquelle, conséquemment, ils soient tous obligés à la fois comme individualités privées et comme formant un corps un et indivisible, « *corpus mysticum ex pluribus nominibus conflatum.* » — Enfin, l'on ne suppose pas évidemment le cas où tous les associés auraient contracté ensemble en apposant chacun leur signature. L'on se place dans l'hypothèse habituelle, celle où l'associé gérant a contracté en son propre et privé nom ; or, il est manifeste que lui seul doit être obligé ; son engagement personnel ne peut réagir contre ceux qu'il a admis seulement à *participer* au résultat de l'opération, et ce.a, au profit de tiers qui n'ont dû compter que sur le crédit isolé de celui avec lequel ils traitaient et dont, par conséquent, la bonne foi n'a pu être trompée.

Du moment où la participation est essentiellement occulte et ignorée du public, du moment où celui qui agit ne contracte qu'en son nom personnel, ses co-associés ne peuvent jamais être obligés solidairement avec lui.

L'on ne saurait, en effet, concevoir de solidarité là où, par rapport aux tiers, il n'existait même pas de société.

La solidarité ne pourrait naître que de la signature que les *co-participants* auraient personnellement donnée à l'engagement du gérant, ou d'un ensemble de circonstances telles que ce dernier paraîtrait invinciblement avoir été, dans la réalité des choses, un véritable mandataire; dans ce cas, les créanciers pourraient exiger que la dette contractée sans division fût acquittée de la même manière. (*Sic.*, Cass., 7 mars 1827; D. 27, I, 164; Cass., 8 janvier 1840; D. 40, I, 52; Paris, 22 novembre 1834 ; D. 35, II, 77.)

Mais il faut maintenir, en règle générale, que la participation, dans son état de pureté et lorsqu'elle n'a subi aucune altération notable, n'engendre pas la solidarité; admettre d'autres idées, ce serait l'anéantir dans son essence. En supposant d'ailleurs l'existence d'une convention entre des parties qui, en réalité, n'en ont point formé, l'on s'attaquerait évidemment à la matérialité des faits accomplis.

DEUXIÈME PROPOSITION.

Non-seulement il ne peut y avoir de solidarité, mais encore il ne
saurait non plus exister d'action directe accordée aux créanciers
contre le participant avec lequel ils n'ont point traité.

Si, en effet, on admettait la théorie de l'action
directe au profit des créanciers, il faudrait du même
coup admettre la réciproque et dire que les participants auraient aussi de leur côté un droit d'action
également directe contre les tiers pour les forcer à
l'exécution des contrats passés avec tel ou tel de leurs
co-associés ; or cela répugne à l'essence même de
la participation. Les créanciers ne peuvent donc
exercer que l'action oblique de l'article 1166 du
Code Napoléon pour demander aux co-associés de
leur débiteur ce que celui-ci aurait pu lui-même
exiger d'eux.

Il est facile de comprendre l'intérêt considérable
qui s'attache à cette question : si, en effet, les tiers
n'ont d'action que du chef de l'associé avec lequel ils
ont personnellement traité, leur recours pourra très-
souvent devenir illusoire ; en effet, les co-associés
de ce débiteur pourront opposer aux tiers toutes les
exceptions et toutes les compensations qu'ils seraient
en droit d'opposer à leur co-participant lui-même.
L'on conçoit donc parfaitement la sérieuse controverse qui s'est élevée sur ce point et la vivacité avec
laquelle les tiers ont réclamé le droit d'agir directe-

ment et de leur chef. Aussi, il importe, avant d'établir notre doctrine, de repousser immédiatement les quatre objections principales qui lui ont été opposées : nous croyons, en effet, l'action directe irrecevable, alors même que l'argent aurait été versé dans les mains de l'associé gérant, et nous pensons que les tiers pourraient démontrer à la fois l'existence de l'association et l'usage fait. dans l'intérêt de l'opération commune, des fonds par eux fournis. Or, c'est précisément sur ce terrain que la discussion a été portée : M. Pardessus, et, avec lui, un arrêt de la Cour de Limoges, du 19 juillet 1839 (D. 40, II, 76), repoussent énergiquement notre solution. Voici, en résumé, leurs arguments :

1° Il est de principe rigoureux que nul ne peut s'enrichir aux dépens d'autrui ; or la participation a nécessairement profité des fonds que le tiers a livrés : le co-associé *qui n'a point agi personnellement* ne peut donc pas se prévaloir de son abstention ; il est néanmoins obligé, et obligé *solidairement*, à tenir compte des fonds versés. Cette obligation résulte d'abord de ce fait que les résultats de l'engagement ont été appliqués à la chose sociale, et ensuite de cette circonstance que le participant que l'on attaque a pris sa part dans l'exploitation des affaires communes.

Ces objections doivent être écartées : tout d'abord, la règle que nul ne doit s'enrichir aux dépens d'autrui ne saurait ici recevoir son application ; car, pour peu que l'on veuille examiner les choses de près, l'on verra qu'il n'y a eu, dans la réalité, aucun lucre recueilli au préjudice d'autrui. Le profit que la société a obtenu peut bien la constituer en dettes vis-à-vis de celui de ses membres qui le lui a procuré ; mais, quant aux tiers, elle leur est parfaitement étrangère. — Et voyez les conséquences funestes de la doctrine que nous combattons : Primus emprunte aujourd'hui une somme d'argent, puis il en dispose en faveur de Secundus ; le prêteur se présente et veut actionner Secundus directement, en vertu du principe que nul ne peut s'enrichir aux dépens d'autrui. Si l'on admet le système que nous repoussons, il faut nécessairement accueillir cette prétention, et cependant, il est de toute évidence qu'un tel soutien est inacceptable ; en effet, d'une part, l'emprunteur a fait la chose sienne par la livraison qu'il a reçue, et, en s'en démettant au profit de Secundus, il a disposé de sa propre chose et nullement de celle du prêteur ; — d'autre part, Secundus est parfaitement étranger à ce prêteur primitif ; celui-ci n'a traité qu'avec Primus l'emprunteur : c'est lui seul qu'il a cru avoir pour obligé, c'est sur ses seules ressources qu'il a pu compter. Ses légitimes expectatives n'ont donc été nullement déçues.

Changez les rôles : mettez à la place de Primus l'associé gérant ; — à la place de Secundus, le participant inconnu qui n'a pas agi ; — à la place du prêteur, les tiers qui se présentent pour exercer un recours. Ce sont toujours les mêmes difficultés qui doivent être résolues par les mêmes principes.

Ne dites pas que le droit d'action directe et solidaire naît de ce que les résultats de l'engagement ont été appliqués à la chose commune : car il est constant, en matière de sociétés commerciales, que le créancier qui a contracté avec l'un des associés *individuellement* ne peut poursuivre les autres associés à raison de l'emploi qui aurait été fait, au profit de la société, des sommes versées. Cela est vrai, même dans la société en nom collectif, où pourtant la solidarité est de droit commun : la seule faculté accordée dans ce cas au créancier, c'est de venir, au nom de son débiteur, réclamer à la société la valeur équivalente au profit qu'elle a recueilli, et la société ne lui en tiendra compte que dans les limites où cette obligation lui aurait été imposée vis-à-vis de l'associé lui-même. Si ces principes sont vrais dans la société en nom collectif, ils sont, *à fortiori,* applicables à la participation.

Sans doute, celui avec lequel les tiers ont traité n'était pas seul ; il y avait derrière lui des participants concourant à l'exploitation commune, ou, pour mieux dire, devant concourir à la répartition des résultats définitifs de l'opération commune. Mais cette circonstance ne saurait nullement modifier la condition des tiers ; ils n'ont, en effet, contracté qu'avec un individu isolé sans une seule stipulation qui fût de nature à rattacher à sa personnalité celle d'aucun autre participant : l'association elle-même était occulte et inconnue des tiers ; ils n'ont donc rien à lui demander, car ils n'ont jamais dû compter sur un crédit collectif.

C'est, pour le dire en passant, cette distinction entre le cas où il s'agit d'une vraie participation et celui où la nature de cette association a été altérée par la manifestation faite aux tiers d'un crédit social, qui a échappé à ceux qui ont invoqué, en faveur du système contraire au nôtre, un arrêt de la Cour de cassation, du 26 mars 1817 (S., 18, I, 53).

Dans l'espèce, en effet, bien que la société eût été qualifiée d'association en participation, il était constant qu'au fond elle avait perdu ce caractère, d'une part, en se révélant par des actes extérieurs, et, d'autre part, en vertu de ce fait que les fournisseurs avaient eu en perspective le crédit collectif des deux associés. Nous verrons, au contraire, en terminant l'examen de cette question, que le recours direct a toujours été interdit par la jurisprudence dans les hypothèses où elle a reconnu purement et simplement l'existence d'une vraie participation.

2° La seconde objection, que nous présente M. Merlin, repose sur une assimilation absolue que cet éminent auteur établit de la commandite à la participation. Ceci admis, comme le créancier a une action directe contre le commanditaire, la conclusion est qu'il doit en avoir une également contre le participant.

Mais cette assimilation est doublement inexacte ; car : 1° elle n'a d'autre fondement que la supposition gratuite d'une lacune dans la loi : M. Merlin le reconnaît lui-même ;—2° la participation étant laissée complétement à l'arbitraire des conventions privées, c'est à son organisation même qu'il faut se référer pour apprécier sa portée. Or, il existe une différence radicale entre la position du commanditaire et celle de l'associé en participation : le commanditaire est obligé, par un acte public et apparent, à verser son apport ; il est donc juste qu'il puisse être directement actionné par les tiers, qui ont connu cette obligation et qui ont dû compter sur cette nouvelle ressource. On ne peut, au contraire, accorder un droit analogue contre le participant dont l'association n'a été l'objet d'aucune révélation extérieure, ni d'aucune manifestation publique : l'action indirecte peut seule trouver sa place. Ainsi qu'on peut le voir, cette seconde objection se réfute d'elle-même et ne saurait nous arrêter longtemps.

3° La troisième objection exige un examen plus approfondi, elle repose sur la loi 82, au Digeste, *pro socio,* dans laquelle Papinien s'exprime ainsi qu'il suit : « Jure societatis per socium ære alieno

socius non obligatur, *nisi in communem arcam pecuniæ versæ sint.* » Cette loi, au premier abord, semble
péremptoire en déclarant que la société est obligée
si les deniers ont été versés dans la caisse commune,
si, par conséquent, elle a profité de l'obligation.
C'est là l'interprétation que Voët donne en effet de
ce texte dans son commentaire sur les Pandectes,
n°s 13 et 14, titre *pro socio.* De là, il résulte, toujours
d'après M. Merlin, qu'un participant peut être pour-
suivi, *même par voie de solidarité,* par le créancier
personnel de son co-associé, *dans le cas où la chose
a été employée au profit de la société.*

Sans doute, la loi 82, ainsi comprise, fourni-
rait un argument décisif en faveur du système de
M. Merlin. Mais il faut pour cela qu'elle se réfère bien
à l'hypothèse qui nous occupe ; or, c'est là ce qui est
contesté par les interprètes les plus autorisés, et nous
allons voir tout à l'heure que Voët lui-même n'a
pas été si loin que M. Merlin semble le supposer.

Cujas, le président Favre et Felicius sont tous trois
d'avis que la loi 82 ne se réfère qu'aux rapports
des associés entre eux, et n'a nullement trait aux
rapports de la société avec les tiers. Cujas le déclare
expressément ; et ensuite, formulant nettement cette
doctrine que le préteur, en droit commun, n'a de
recours que contre son emprunteur et jamais contre
celui auquel ce dernier a pu transmettre l'argent,
il dit qu'en matière d'argent prêté, on ne doit jamais

rechercher par quelles mains il a passé, mais simplement quel est celui qui a formé l'emprunt : « *Non
quærimus in credita pecunia, ad quem ea pervenerit,
sed qùis eam rogarit, quis contraxerit, ut hic solus
obligetur.* » et, à ce propos, il cite le mot de Sénèque :
« Pecunia ab eo petitur cui credita est, quamvis illa
ad me aliquo modo pervenerit. »

Le président Favre déclare également que le prêteur ne saurait avoir aucune action contre les associés de son débiteur, avec lesquels il n'a pas contracté,
en admettant même que l'argent ait définitivement
tourné au profit de la société : « *creditor contra socios
debitoris sui actionem nullam habere potest, nec si
pecunia in rem et utilitatem societatis versa sit.* »
(Rat., t. V, p. 198.)

Enfin Felicius (*de Societ.*, cap. XXX, n°s 3 et 5),
adhère entièrement à cette doctrine.

Voët lui-même est loin d'être aussi absolu que
M. Merlin dans ses affirmations : sans doute, il a cru
que la loi 82, ff., *pro socio,* s'occupait des rapports
des associés avec les tiers : mais, dans les développe-
ments qu'il donne à son opinion, il suppose toujours
la dette contractée au nom de la société, *nomine so-
ciali.* De plus, il n'astreint le participant qui n'a pas
traité avec les tiers que « *quatenus inde ad ipsum
pervenit,* » et cela, en vertu de ce principe de droit
commun que nul ne saurait être obligé par suite du
contrat d'autrui, à moins qu'il n'en soit résulté pour

lui un lucre « *idque secundum jus commune, quo nemo, sine sua voluntate, ex alieno contractu obligatur, nisi locupletior inde factus sit.* »

Puis lorsque, plus loin, il suppose la dette contractée par l'un des associés, *en son nom propre et personnel*, il est d'avis que les autres associés ne sont point obligés du tout : « *Sed si sociorum unus, non societatis, sed proprio nomine contraxerit, socios reliquos, ne ab initio quidem in solidum, aut ulla ex parte obligatos reddit.* » On voit donc que, finalement, Voët revient aux vrais principes et repousse les idées que lui prête M. Merlin.

4° Il nous reste maintenant à examiner la quatrième et dernière objection faite contre le système que nous proposons : elle est présentée par MM. Duranton (t. XVII, n° 449) et Duvergier (n° 404).

Ces auteurs attribuent également aux tiers une action de leur chef contre tous les participants : ce n'est plus précisément l'action *creditæ pecuniæ*, mais c'est encore une action directe, l'action *de in rem verso;* pour eux, c'est toujours le profit que la participation a retiré de l'opération du co-associé qui forme la base du recours direct qu'ils accordent.

Mais pour peu que l'on veuille examiner les choses de près, l'on verra que cette action est parfaitement inapplicable au cas qui nous occupe. L'action *de in rem verso* n'était point, en effet, autre, en Droit romain, que celle accordée aux tiers, qui avaient traité avec le fils de famille ou l'esclave, contre le père de famille ou le maître qui avaient tiré un profit du traité conclu par les personnes soumises à leur puissance. Elle reposait sur la supposition que c'était avec le père de famille et le maître que le tiers avait, dans la réalité des choses, arrêté la convention, plutôt qu'avec le fils et l'esclave. Cette fiction avait, en effet, une base raisonnable dans les principes du Droit romain, d'après lesquels le père de famille et le maître absorbaient dans leur personnalité unique et prépondérante tous les individus soumis à leur pouvoir. Ceux-ci ne contractaient pas pour eux-mêmes, mais pour ceux desquels ils dépendaient : or, les tiers, en traitant, avaient connu cet état de subordination, et conséquemment ils avaient dû avoir principalement en vue le père de famille et le maître, qui apparaissent, comme les vrais répondants, derrière la personne du fils et de l'esclave. L'action *de in rem verso* était donc parfaitement recevable.

Mais il ne saurait y avoir aucune analogie entre ce concours spécial de circonstances et le cas tout différent où, dans la participation, l'associé gérant a stipulé et s'est obligé en son nom privé. Cet associé n'a, en effet, rien représenté, rien personnifié ; derrière lui, au moment de la formation du contrat, les tiers n'ont ni pu, ni dû voir la participation, société occulte et ignorée, parfaitement étrangère à la convention, irresponsable par conséquent, et n'ayant aucun point de ressemblance avec le maître ou le père de famille dont la personnalité était toujours apparente derrière l'interposition des individus soumis à leur puissance. Jamais, d'ailleurs, en Droit romain, l'action *de in rem verso* n'a été appliquée au cas où un individu a profité en second lieu d'une somme empruntée primitivement par une personne *sui juris*, et transmise par elle. Il est, en effet, de principe, que l'on ne doit jamais rechercher l'origine des deniers : « *Non quæritur origo pecuniæ.* » Lorsque vous me prêtez une somme d'argent, c'est moi seul qui suis responsable; ce ne peut jamais être Primus, alors même qu'il me plairait par la suite de me dessaisir de cet argent en sa faveur.

Tenons donc pour certain que les tiers qui ont contracté avec l'un des participants, n'ont point d'action directe contre ses co-associés restés à l'écart: ils peuvent seulement exercer contre eux, du chef de celui avec lequel ils ont traité et qui est ainsi devenu leur débiteur, l'action oblique que l'article 1166 du Code Napoléon accorde à tout créancier.

La raison en est dans la nature même de la participation qui est essentiellement occulte, et où celui qui agit contracte toujours en son nom personnel et privé; or, une règle de bon sens et d'équité par excellence, c'est que nul ne peut être tenu des engagements d'autrui : « *Nemo ex alterius contractu obligatur.* »

Peu importe même que la société en ait ou n'en ait pas profité : car, moi, participant, par la nature même de ce genre d'association, je suis tout aussi étranger au contrat que mon co-associé a pu former avec vous, que le serait un autre de ses créanciers qui, de bonne foi, aurait reçu en paiement la somme par vous prêtée et objet de votre réclamation.

Il est évident, d'un autre côté, que l'on ne saurait nous opposer, pour faire accorder l'action directe aux tiers contre le co-participant qui n'a pas agi, l'article 1864 du Code Napoléon , qui est exclusivement applicable aux sociétés civiles et qui, d'ailleurs, suppose que l'associé contractant a révélé l'existence de la société.

Au reste, les principes que nous venons d'exposer ont été constamment admis par la jurisprudence ; on peut citer en particulier un arrêt de la Cour de cassation du 9 janvier 1821. (S. 22, I, 77.)

Enfin, c'est la doctrine de l'école italienne : on peut consulter ici la célèbre décision de la Rote de Gênes, sur le différend intervenu entre la maison Pallavicini et les sieurs Grimaldi, à propos d'une somme prêtée à Augustin Sauli, fermier des revenus publics. à Rome, et qui s'était associé plusieurs participants. (Straccha, *Decis. Rotæ Genuæ*, 14.)

C'est encore l'opinion exprimée en nombre d'endroits par Déluca : « *Contra participem nulla datur actio, neque intrat regulam ut obligatio contracta per socium, officiat consocio.* » — « Creditori alia non datur actio, nisi *obliqua* ex persona propria ac directi debitoris cujus dicitur legalis procurator, ejusque jura exercere potest, et pro ut ipsi debitori competunt; secus autem si non competat. (De Cred. Disc. 88, nos 4 et 11.)

C'est enfin la solution positive de Casaregis : « *Participes non tenentur nisi ad ratam capitalis pro quo participant in negotio. Neque ipsi agere possunt contrà debitores societatis, neque conveniri valent a creditoribus.* »

Nos anciens auteurs, et en particulier Pothier, ont également donné leur adhésion à ces principes, consacrés expressément aujourd'hui par les articles 356 et 357 du Code Espagnol ;

(Art. 356): « Dans la participation, on ne peut adopter une raison sociale commune à tous les intéressés, ni se servir d'un autre crédit que celui du commerçant qui les dirige en son nom et sous sa responsabilité individuelle.

(Art. 357): « Ceux qui contractent avec le commerçant qui est en nom dans la négociation, n'ont d'action que contre lui et non contre les autres intéressés ; de même ceux-ci ne peuvent actionner le tiers qui a traité avec l'associé dirigeant l'opération, à moins que celui-ci n'ait fait une cession formelle de ses droits en faveur de l'un des autres intéressés *(Trad. de M. V. Foucher).* »

Une telle unanimité doit nécessairement être la proclamation de la vérité et de l'évidence absolue ; car elle est le résultat de la pratique de tous les temps et de tous les lieux. « *Participem sola introduxit praxis.* »

Nous venons de voir quels sont les droits des tiers à l'encontre des participants ; il nous reste maintenant à rechercher quels sont réciproquement les droits des participants à l'encontre des tiers qui ont traité avec leur co-associé.

§ 2.

DROITS DES PARTICIPANTS A L'ENCONTRE DES TIERS.

La détermination de ces droits ne saurait nous ar-rêter longtemps, et la question est déjà résolue à l'avance par tout ce que nous avons dit précédem-ment : en effet, si les tiers n'ont en principe aucune action directe contre les participants, ceux-ci ne pourront davantage obtenir cette action directe contre les tiers. Ces deux solutions sont corrélatives et dé-pendent l'une de l'autre. Ce que vous refusez aux uns doit être également refusé aux autres, de même que ce qui est accordé aux uns, l'est nécessairement à tous.

C'est là, du reste, la solution généralement admise par la jurisprudence : ainsi, *la Cour de Bastia, le 25 avril 1855, Pétronelli c. Limarola,* a jugé expres-sément qu'un associé en participation ne peut agir contre un tiers, débiteur de son co-participant, *comme exerçant les droits et actions de la participation*.

Le seul cas où l'action directe pourrait être accordée à un participant qui n'a pas agi, serait celui où l'associé dirigeant l'opération, l'aurait subrogé en son lieu et place en lui faisant une cession formelle de ses droits. Hors ce cas exceptionnel, point d'autre action que l'action oblique accordée réciproquement aux tiers contre les participants, et aux participants contre les tiers.

C'est qu'en effet, il ne faut pas perdre de vue les vrais principes. Sans doute, il est constant, en matière de participation, que chacun des associés conserve la propriété de sa mise ; mais, quoi qu'il en soit, l'associé qui gère et à qui la chose a été livrée pour servir à l'opération convenue, est réputé *vis-à-vis des tiers* en avoir la propriété unique et exclusive : lorsqu'il fait un traité concernant ces choses, ce traité est pour eux irrévocable et à l'abri de toute attaque. Alors même que ce sont des objets mobiliers qui ont été remis à l'associé gérant, quoiqu'il n'y ait pas eu un véritable déplacement de la propriété, la translation opérée en faveur des tiers par ce gérant, possesseur apparent, est néanmoins un fait accompli et sur lequel il n'y a pas à revenir ; car, pour eux, il n'existe pas de participation, il y a un individu isolé avec lequel ils ont contracté personnellement et privativement ; c'est donc à lui seul qu'ils ont eu et qu'ils doivent toujours avoir à faire.

Réciproquement, les autres participants n'ont aucun rapport avec les tiers-contractants ; nulle relation juridique ne s'établit entre eux : les participants n'ont que des droits acquis au résultat de l'opération, droits qui se régleront dans les rapports *intérieurs* résultant de la convention. Ils sont créanciers de l'associé gérant, ils l'ont pour débiteur personnel ; mais ils n'ont pas, en même temps et par suite, pour débiteurs personnels les tiers, qui ont contracté avec lui seul, et qui, partant, leur sont parfaitement étrangers.

Ce n'est donc pas un droit de co-propriété qui naît, au profit des participants, de la créance qui leur est acquise contre leur co-associé, mais simplement un droit d'action personnelle : il y a plus : cette créance elle-même n'est pas fixe ; elle est, au contraire, essentiellement variable : car elle est subordonnée au résultat de la liquidation définitive.

Ainsi, de ce principe que les effets de l'association sont limités entre les associés, il résulte invinciblement qu'il ne saurait y avoir de base à une action directe des participants contre les tiers, ou des tiers contre les participants, fondée sur le fait même de la participation. « *Neque ipsi (participes)*, dit Casaregis, *agere possunt contra debitores societatis, neque conveniri valent a creditoribus.* »

CONCLUSION.

Il suffit de jeter un coup d'œil d'ensemble sur le système général des sociétés commerciales dans notre droit, pour voir clairement qu'il n'y a, en réalité, que deux classes d'associations, quels que soient d'ailleurs les noms divers dont elles aient été revêtues.

La *première classe* comprend celles qui ont un but général et dont l'objet consiste dans des opérations de leur nature imprévues et illimitées, s'enchaînant les unes aux autres et dépassant presque toujours l'idée première des sociétaires : aussi, étant sujettes à se modifier profondément, elles sont soumises à des garanties spéciales et à des formalités nombreuses, destinées à leur conférer la notoriété nécessaire. Il faut, en effet, que la publicité indique suffisamment aux tiers qui pourront traiter plus tard avec elles, les éléments dont se compose la société : — le nom de ses membres, dans les sociétés en nom collectif ; — l'importance du fonds social, dans les sociétés anonymes ; — enfin, dans les sociétés en commandite, la mesure dans laquelle s'engage le commanditaire.

La *seconde classe* comprend celles qui, fonctionnant dans une sphère étroite qu'elles ne sauraient dépasser, limitées, quant à leurs effets, entre les contractants, parfaitement occultes et ignorées des tiers, n'important, enfin, en aucune façon, au public, ne sont assujetties à aucunes formalités rigoureuses et jouissent d'une immunité complète dans leur naissance comme dans leur exercice. Leur but, c'est de rendre productifs, par la réunion, des capitaux qui, séparément, eussent été impuissants à réaliser des entreprises importantes.

C'est cette dernière espèce d'association qui a été spécialement l'objet de notre examen.

Nous avons recherché sa base juridique, son origine, et sa filiation historique. Nous l'avons vue, découlant de la nature même de l'homme et de la spontanéité individuelle, naître, pour ainsi dire, avec le monde et se perpétuer à travers les âges, sans autres restrictions que celles qui résultent des conventions privées.

C'est le contrat primitif, d'autant plus difficile à bien caractériser, qu'il est susceptible de revêtir les formes les plus diverses, et de se prêter à toutes les exigences comme à tous les caprices de ceux entre lesquels il intervient.

De plus, partout, les législateurs semblent avoir pris à tâche de le passer complétement sous silence, sans doute de peur d'altérer son essence et de s'exposer, en le réglementant, à contrarier les usages reçus.

Il n'est donc pas étonnant que nous n'ayons pu en rencontrer aucune trace dans les lois romaines; les *jurisconsultes*, qui ont traité avec tant de soin tout ce qui se rapporte au contrat de société, et qui en ont parlé avec un si grand enthousiasme, paraissent n'avoir même pas soupçonné la nuance de la participation, soit qu'elle ne fût usitée qu'entre les étrangers ou pérégrins, et qu'elle n'ait pas paru digne d'entrer dans les formules du droit civil; soit que, dans la réalité des choses, ces formules étroites étant incompatibles avec les allures essentiellement libres et indépendantes de notre association, les *prudents* aient cru préférable de l'abandonner entièrement aux règles de la coutume. D'un autre côté, peut-être aussi certains principes dont la trace s'est perdue dans la tradition historique, conservés néanmoins par l'usage, se sont-ils implantés dans le droit de la Péninsule, pour y reparaître avec la vigueur et la force que nous avons remarquées ; c'est là, au reste, une thèse plutôt propre à piquer la curiosité de l'archéologue qu'à arrêter l'attention du jurisconsulte.

Toujours est-il que c'est en Italie que nous avons trouvé les différences entre la société pure et la participation le plus fermement accentuées. A Gênes surtout, dans cette ville commerçante par excellence, où le titre de marchand était considéré comme le plus glorieux de tous, en même temps qu'il était l'invariable attribut de tout citoyen . « *Genuensis, ergo mercator,* » nous avons rencontré de nombreuses décisions sur la matière : et, comme le génie mercantile de ce peuple se trouvait tout naturellement porté, grâce à la situation exceptionnelle du pays, vers les opérations maritimes, c'est surtout dans les règles qui concernent les armements et la co-propriété des navires que nous avons vu la participation plus fréquemment en usage.

Seulement, nous avons dû nous appesantir un instant sur le caractère spécial de ce contrat, d'autant plus qu'une erreur généralement répandue consiste à assimiler sans réserves les participations italiennes à notre participation française.

Sans doute, toutes deux elles ont leur commune origine dans le droit naturel : mais leurs règles diffèrent d'une façon notable en divers points ; qu'il nous suffise ici de rappeler simplement deux différences caractéristiques : 1° contrat réel en Italie, se formant par la remise d'un capital, la participation est, chez nous, un contrat purement consensuel ; 2° assujettie, au-delà des monts, à des conditions rigoureuses de publicité, elle est, dans notre pays, dispensée de toute solennité de formes.

Dans notre ancien droit, cette association est toujours réglementée par la coutume, et les diverses ordonnances des Rois sont muettes en ce qui la concerne. Toutefois, trois auteurs éminents, Savary, Jousse et Pothier, nous ont fait connaître les carac-

tères qui lui étaient assignés, les principes généralement admis, et les combinaisons diverses sous
lesquelles elle se produisait le plus souvent.

Le Code de commerce, dont nous avons ensuite fait
connaître les quatre textes sur cette matière, nous a
paru la preuve la plus manifeste de la volonté du
législateur de ne point déroger aux usages reçus et
de laisser la participation entièrement sous l'empire
de la pratique, sa source première : « *Participem sola
introduxit praxis.* » Nous avons fait observer que la
loi ne sort point des généralités : il semble vraiment
que la principale règle de la société qui nous occupe,
soit de n'en avoir pas, ou pour mieux dire, de n'en
point admettre d'autres que celles qui résultent de
l'accord des volontés.

Arrivés à ce point, nous nous sommes alors
demandé quels étaient les caractères spéciaux de la
participation.

Pour les déterminer, nous ne pouvions interroger
les textes de la loi ; ils nous faisaient presque entièrement défaut ; nous n'avions pour nous guider que,
d'une part, les principes admis par l'école italienne
et par nos anciens auteurs, et, d'autre part, un nombre
considérable de décisions judiciaires rendues sous
l'empire du Code de commerce, décisions qui s'étaient
inspirées des doctrines les plus diverses, et qui,
partant de différents points de vue, aboutissaient
conséquemment aux solutions les plus dissemblables.

Toutefois, deux bases principales d'appréciation s'offraient à nous pour arriver à établir la distinction que nous recherchions : la première, consistait à s'attacher à l'objet de la participation, aux accessoires de ce contrat, à ses applications les plus fréquentes, enfin à la courte durée des entreprises auxquelles elle paraît le plus souvent se prêter. Ce premier critérium trouvait son fondement dans la nature même des combinaisons que nous avions indiquées, combinaisons dans lesquelles l'opération est presque toujours unique, et la durée parfaitement circonscrite et limitée.

Néanmoins nous avons dû, tout d'abord, l'écarter à la fois comme contraire aux textes, dont il dénaturait la portée, et à la logique, dont il méconnaissait les principes, en s'attachant plutôt à l'extérieur de l'association qu'aux éléments intrinsèques qui la constituent. Enfin, le spectacle des incertitudes et des variations auxquelles aboutissait finalement cette première doctrine dans la pratique, nous a déterminé à la rejeter entièrement.

Nous avons alors proposé un second système qui, s'attachant non plus à l'objet de la société, mais à *l'essence même de son organisation*, nous a paru réunir trois avantages principaux : 1° être en harmonie avec les précédents historiques; 2° ne contrarier aucun texte de loi; 3° présenter à l'esprit une base invariable et exclusive d'appréciation.

Qu'est-ce donc que la participation?

C'est une véritable société, mais c'est la société primitive et pure de fictions, la *société-contrat*, qu'il faut soigneusement distinguer de la société-personne.

Ses caractères, véritablement originaux, se trouvent dans son mécanisme juridique et dans la manière dont elle fonctionne.

Société *du droit naturel*, elle repose uniquement sur la convention des parties et n'est soumise à aucune de ces solennités imaginées par le législateur pour les autres associations commerciales, qu'il a personnifiées en les transformant et les modifiant profondément. Son existence peut, par suite, être établie par tous les moyens possibles, même par la preuve testimoniale (article 49 Cod. com.) ; car rien n'empêche qu'elle ne puisse être contractée verbalement et sans l'aide d'aucune constatation écrite.

Dans son mode d'exercice, elle est *essentiellement occulte*, et les tiers demeurent aussi étrangers à ce genre de convention, qu'ils le seraient à un contrat de prêt ou de dépôt, dans lequel ils ne seraient pas intervenus ; cette société, ayant force de simple obligation privée et ne pouvant dépasser la personne des contractants, ne saurait, en thèse ordinaire, avoir *ni patrimoine personnel, ni siége particulier, ni raison sociale :* car elle ne constitue pas même un être moral, la personnalité juridique ne pouvant résulter que de la notoriété donnée, en vertu de la loi, à une agrégation d'individus, qui se réunissent sous une seule et même personnification, constatée par une signature commune. Cette création serait, au surplus, inutile, puisque les tiers n'ont, en aucune façon, besoin de connaître l'existence d'une association sans conséquence pour eux.

Que s'il n'y a pas de patrimoine particulier spécialement affecté à l'usage de la participation, il ne saurait y avoir de *copropriété* nécessaire résultant directement de la formation même de la société; c'est là un attribut qui n'entre nullement dans l'essence de cette convention, et qui ne peut naître que d'une stipulation expresse ou de certaines circonstances de fait.

Il est également manifeste que la participation n'étant, en aucune façon, révélée officiellement aux tiers, ne peut jamais réagir soit contre eux, soit à leur profit. De là nous avons tiré trois conséquences importantes : 1° l'association n'engendre *aucune solidarité* entre les participants ; 2° il n'existe *aucun droit de préférence* au profit des associés contre les tiers, la revendication peut seulement, dans certains cas exceptionnels, leur être accordée ; 3° les tiers n'ont pas plus contre les participants un recours direct basé sur le fait de l'association, que ceux-ci ne peuvent en obtenir eux-mêmes contre les tiers, à raison de la formation du contrat : les uns et les autres ont seulement, dans les limites du droit commun, *l'ac-*

tion indirecte que l'article 1166 accorde à tout créancier du chef de son débiteur.

Mais, si la participation est dénuée de tout effet à l'égard des tiers, elle ne saurait évidemment être sans portée dans les rapports des associés entre eux : car il est de principe « *que la convention fait la loi des parties.* »

Il est clair qu'il ne saurait tout d'abord y avoir aucune difficulté, lorsque les participants sont demeurés *integri statûs* : obligation de verser l'apport promis ; — droit de concourir au partage des résultats de l'opération lorsqu'elle est terminée, et cela, dans les proportions fixées par le contrat, ou, à défaut, d'après les règles du droit commun (art. 1853); — que si l'entreprise aboutit à un déficit, au lieu d'avoir pour résultat un lucre, obligation pour le participant oisif de contribuer indéfiniment dans la mesure de son intérêt, quel que soit d'ailleurs le chiffre de sa mise ; — telles sont, entre les participants, les conséquences qui naissent du fait même de l'association, lorsque ceux-ci n'ont, d'ailleurs, subi aucune altération de leur état civil.

Dans le cas de *faillite* de l'un des associés, au contraire, il y a nécessairement rupture immédiate de la société, et la convention primitive subit des modifications plus ou moins notables, d'après les principes généraux du Code de commerce, suivant que l'association n'a pas encore commencé à fonctionner, ou bien que les opérations sont en cours d'exécution, ou enfin que l'objet est entièrement achevé. Nous ne reviendrons pas, pour éviter les redites, sur les différentes observations faites à ce sujet.

Nous avons ainsi envisagé la participation sous ses divers aspects et signalé ses caractères et ses effets principaux : elle consiste uniquement dans la création de rapports purement internes, dont les conséquences juridiques ne peuvent point se faire sentir en dehors de la personne des contractants, et c'est surtout à elle que peut s'appliquer avec vérité l'adage si connu : « *Personam contrahentium non egrediuntur contractus.* »

Dégagée de toutes les entraves du formalisme et trouvant dans la liberté sa principale garantie, elle a rendu les plus précieux services et elle est devenue d'un usage presque journalier dans la pratique.

En la voyant ainsi fonctionner pour le plus grand avantage du commerce, on s'est accoutumé à l'idée de l'émancipation progressive des sociétés commerciales : l'expérience semble faite aujourd'hui, et, pour s'en convaincre, il suffit d'évoquer le souvenir de la loi récente (promulguée le 23 mai 1863), qui vient d'importer dans notre pays une association

d'origine anglaise, *la société à responsabilité limitée,*
en l'affranchissant des lenteurs et des difficultés de
l'autorisation gouvernementale, pierre d'achoppement
de nos sociétés anonymes. L'on a seulement rem-
placé les garanties inhérentes à cette autorisation
par un ensemble de règles intelligentes destinées à
protéger à la fois les actionnaires et les tiers.

Le premier pas est donc fait dans la voie des ré-
formes : sans doute, il reste encore bien des amélio-
rations à réaliser ; mais il faut se souvenir que le droit
des peuples ne se forme pas en un seul jour : précisément parce qu'il est l'expression et le résultat de
la civilisation, il en suit toutes les phases et il se
développe lentement et successivement avec elle. Il
y a déjà un progrès sérieux dans cette tendance des
citoyens à s'affranchir peu à peu de la tutelle de
l'État, en ce qui concerne leurs conventions privées,
et dans cette disposition évidente du gouvernement
à favoriser et même à provoquer en ce sens, par des
lois opportunes, la spontanéité individuelle.

Il est nécessaire, nous le reconnaissons, d'instituer
des garanties contre les crédits imaginaires, et il
importe de refréner les entraînements de la spécu-
lation ; mais il faut éviter en même temps que, sous
prétexte de déjouer les artifices et les fraudes, l'action
de la loi ne vienne se substituer à l'action des particuliers dont elle doit simplement seconder les efforts :
car une société ne peut être féconde en résultats,

qu'autant que l'agglomération des forces individuelles n'en entrave point la libre expansion, et que la réunion de ces forces s'opère, sans qu'elles perdent dans leur ensemble aucune portion de la vigueur qui était leur apanage lorsqu'elles étaient isolées.

Aussi, rien n'est plus vrai que la pensée présentée comme devise au début de cette étude, et qui en sera, en même temps, la conclusion toute naturelle. « *La liberté dans l'emploi des moyens, la promptitude dans l'exécution, est la vie des entreprises industrielles.* »

FIN.

TABLE DES MATIÈRES

FIN DE LA TABLE DES MATIÈRES.

CAEN. — TYP. GOUSSIAUME DE LAPORTE.